Das
Nichts Wegwerfen
Kochbuch

Günter Beer · Patrik Jaros

Das Nichts Wegwerfen Kochbuch

Kochen mit Resten – Tipps, Tricks und tolle Rezepte

LOVE FOOD

Love Food® is an imprint of Parragon Books Ltd

Parragon
Queen Street House
4 Queen Street
Bath BA1 1HE, UK

Idee: Günter Beer & Patrik Jaros

Der Visuelle Index ist ein beim Europäischen Markenamt unter der Nummer 000252796-001 eingetragenes Geschmacksmuster.

Text: Gerhard von Richthofen, Günter Beer

Rezepte und Foodstyling: Patrik Jaros | www.foodlook.com

Fotografie: Günter Beer | www.beerfoto.com

Produziert von Buenavista Studio S.L. | www.buenavistastudio.com

Design by Cammaert & Eberhardt | www.cammaert.com

ISBN: 978-1-4075-0929-7

Printed in China

Anmerkungen für den Leser:

Ein Teelöffel entspricht 5 ml, ein Esslöffel 15 ml. Soweit nicht anders angegeben ist, wird Vollmilch verwendet. Die Angaben für Kartoffeln, Gemüse und Eier beziehen sich auf mittlere Größen. Pfeffer ist immer frisch gemahlener Pfeffer.

Kinder, ältere Menschen, Schwangere, Kranke und Rekonvaleszenten sollten auf Gerichte mit rohen oder nur leicht gegarten Eiern, rohen Fisch und Meeresfrüchten verzichten.

Dieses Buch enthält Rezepte, in denen Reste von Lebensmitteln verwendet werden. Wenn Sie jedoch nicht sicher sind, dass die Lebensmittel einwandfrei sind, sollten Sie sie keinesfalls verarbeiten, sondern wegwerfen. Bewahren Sie Lebensmittelreste immer im Kühlschrank auf und prüfen Sie sie vor ihrer Verwendung gewissenhaft auf ihre Verwertbarkeit. Verdorbene Lebensmittel dürfen auf keinen Fall verzehrt werden. Besonders vorsichtig sollten Sie beim Verzehr von gegarten Reisresten sein. Dieses Lebensmittel muss nach dem Garen schnell gekühlt werden und darf höchstens einen Tag im Kühlschrank aufbewahrt werden.

Alle Rezepte in diesem Buch wurden mit größtmöglicher Sorgfalt überprüft, nachgekocht und verkostet.

Inhalt

Wie dieses Kochbuch funktioniert

Die bebilderte **Zutatenliste** auf der linken oberen Seite ist wie ein Daumenkino als Index nutzbar. Blitzschnell, ohne das Buch lesen zu müssen, können Rezepte für ein, zwei oder mehrere Zutaten gefunden werden.

Die **Sterne** bezeichnen den Schwierigkeitsgrad: Ein Stern für leicht, zwei Sterne für mittelschwer, drei Sterne für schwer.

Die **Zahlen** unten links zu jedem Rezept geben die ungefähren Zubereitungszeiten in Minuten an.

Dieses Buch geht davon aus, dass folgende Zutaten in jeder Küche verfügbar sind, und führt sie deshalb nur auf, wenn größere Menge davon gebraucht werden: Butter, Pflanzenöl, Olivenöl, Rot- und Weißweinessig, Salz, Pfeffer, Zucker.

Rezepte, wenn nicht anders angegeben, sind für 2 Personen gedacht.

Irgendwann zu Beginn dieses Jahrtausends beschlossen Chefkoch Patrik Jaros und Food-Fotograf Günter Beer, ein wirklich neues Kochbuch zu machen. Ein Kochbuch für die Single- und Kleinküche des 21. Jahrhunderts, das alltagstauglich und jedem Amateurkoch verständlich ist und nur Zutaten verarbeitet, die man ohnehin im Haus hat.

Das vorliegende Buch ist dabei herausgekommen. Es enthält viele neue, noch nie da gewesene Rezepte. Es arbeitet mit Resten, die überall, wo gekocht und gegessen wird, anfallen.

Es präsentiert bekannte Zutaten in völlig neuen Zusammenhängen. Es nutzt die Take-away-Küche, die viele von uns mehr oder weniger häufig besuchen, als Quelle für ungewohnte Kreationen. Und es verwendet Fertigprodukte aus dem Supermarktregal, um sie mit wenig Aufwand auf überraschende Art zu veredeln.

Die eigentliche Ingredienz dieses Buches jedoch ist: Fantasie. Eine Fantasie, die Popcorn mit Schokolade anrichtet, die Dosensardinen zum Brotaufstrich macht oder Cornflakes ohne Milch in der Pfanne zubereitet.

Wer experimentiert und probiert, wird als Koch überraschen – sich und andere.

Zubereitung in Gläsern und Dosen

Schüssel und Teller beschmutzen? Gläser und Dosen benutzen!

Das schmutzige Geschirr stapelt sich im Becken, und im Geschirrschrank herrscht gähnende Leere? Für den Single von heute ist das kein Thema. Warum sollte er Teller beschmutzen, wenn das Essen ohnehin in Gläsern kommt? Statt der Töpfe kann man Dosen und Becher benutzen.

Warum die Sauce zum Salat geben, wenn der Salat in die Sauce passt? Zusammen im Glas angerichtet, kann man daraus auch gleich essen. Das spart nicht nur Zeit, das schmeckt auch besser.

1 EL Honig

$^{1}/_{2}$ Flasche Ketchup (ca. 200 ml)

2 TL Currypulver

1 EL Worcestersauce

1 EL Weinbrand

1

2

Grill-Ketchup

Ketchup-Honey aus dem Shaker

1. Den Honig in die Ketchupflasche füllen.
2. Das Currypulver zugeben.
3. Nun die Worcestersauce hineingießen.
4. Und zum Schluss den Weinbrand! Die Flasche gut verschließen und …
5. … schütteln!

Ein Brötchen aufschneiden, ein heißes Würstchen hineingeben und mit Grill-Ketchup garnieren.

Je nach Geschmack noch etwas Senf, einige Scheiben Essiggurken und ein paar Zwiebelwürfel darübergeben.

Zubereitung in Gläsern und Dosen

10

- **Hält sich im Kühlschrank noch etwa 1 Monat. Ideal für das sommerliche Barbecue. Für Kinder nicht geeignet. Vor Gebrauch schütteln!**

3

4

5

1

2

Senfdip für Salat und Rohkost

Senf-Reste optimiert

Ein Glas mit Senfresten nicht wegwerfen, der angetrocknete Senf lässt sich wunderbar für eine Salatsauce verwenden:

1. 1/2 Teelöffel Salz dazugeben.
2. 1/2 Teelöffel gemahlenen schwarzen Pfeffer dazugeben.
3. Ein paar Spritzer Essig zugeben.
4. Die sich ergebende Menge mit Olivenöl verdoppeln.
5. Das Glas gut verschließen und kräftig schütteln. So lösen sich die Reste auch von den Glaswänden, und der ganze Senf ist nun in der Sauce.

Die fertige Senfsauce in kleine Schalen füllen und Cocktailtomaten und Chicoréeblätter zum Dippen dazugeben.

Zubereitung in Gläsern und Dosen

*** 10

- **Etwas lauwarmes Wasser zugeben, sodass das Dressing nicht zu intensiv und sauer wird.**

3

4

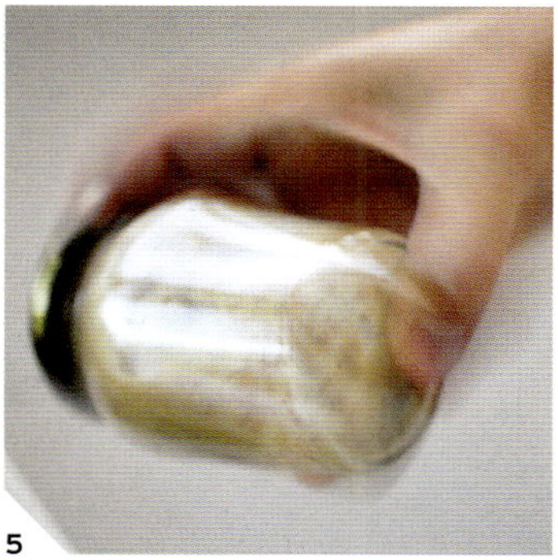
5

250 g Rahmjoghurt

1 TL Paprikapulver edelsüß

1 EL Pesto

1

2

Pesto-Joghurt-Dip zu Gemüsestangen

Joghurt de luxe

1. Zum Rahmjoghurt im Glas das Paprikapulver geben.

2. Das Pesto ebenfalls zufügen und mit Salz und Pfeffer würzen.

3. Zum Schluss 2 Esslöffel gutes Olivenöl hineinfüllen und das Glas wieder mit dem Deckel verschließen.

4. Nun das Glas kräftig schütteln, bis sich alle Zutaten gut vermengt haben.

Danach in kleine Schalen füllen und zusammen mit Gemüsesticks, Radieschen oder Kirschtomaten zum Dippen servieren.

- **Anstelle von Pesto kann man auch grüne oder schwarze Oliventapenade nehmen, dann schmeckt der Dip noch würziger.**

3

4

 1 kleine Knoblauchzehe

 1/2 Glas gekochte Kichererbsen in Lake (250 g)

 1 EL Sesamsamen

 1 TL geröstetes Sesamöl

1

2

Hummus im Glas zubereitet

Frisch aus der Levante

1. Die Knoblauchzehe schälen und in feine Scheiben schneiden. Zu den Kichererbsen geben.

2. 1 Esslöffel Rotweinessig ebenfalls ins Glas geben.

3. Nun die Sesamsamen und das Sesamöl zugeben.

4. 2 Esslöffel Olivenöl eingießen und mit Salz und Pfeffer aus der Mühle abschmecken.

5. Mit einem Stabmixer im Glas mixen und in einen Teller oder eine Schale geben.

Zum Schluss und je nach Geschmack noch mit Olivenöl beträufeln und mit Sesamsamen bestreuen. Dazu am besten leicht geröstetes Brot in Streifen reichen – damit kann man gut in das Hummus dippen.

- **Mit Tahin (Sesampaste) kann man das Hummus besonders gut abschmecken!**

3

4

5

1 EL grüne Pfefferkörner in Lake

1 Glas Spargel (250 g)

2 EL gehackte Stangensellerieblätter

1

2

Weißer Spargelsalat mit grünen Pfefferkörnern

Shake'm, baby

1. Die Pfefferkörner mit dem Messerrücken grob zerdrücken.

2. Die Spargelstangen aus dem Glas nehmen und in 3 cm große Stücke schneiden. Den Spargelsaft bis auf 3 cm abgießen. Die Spargelstücke zurück ins Glas füllen.

3. 2 Esslöffel Rotweinessig oder Johannisbeeressig zum Spargel gießen.

4. Die zerdrückten Pfefferkörner, die fein geschnittenen Stangensellerieblätter und 3 Esslöffel Olivenöl zum geschnittenen Spargel geben.

5. Das Glas wieder mit dem Deckel verschließen und vorsichtig schütteln.

Den Salat aus dem Glas auf den Teller gleiten lassen und mit getoasteten Brotscheiben servieren.

3

4

5

 3/4 Glas gekochte Kartoffelscheiben im Saft (400 g)

 10 Kirschtomaten

 1 EL gehackte Petersilie

 1 TL Currypulver

 3 EL Mayonnaise

1

2

Schneller Kartoffelsalat mit Kirschtomaten und Mayonnaise

Geschüttelt – nicht gerührt

1. Den gesamten Saft von den gekochten Kartoffelscheiben abgießen.

2. Zu den Kartoffelscheiben in das Glas halbierte Kirschtomaten, gehackte Petersilie, Salz, schwarzen Pfeffer aus der Mühle sowie Curry geben.

3. Nun die Mayonnaise zufügen.

4. Abschließend noch mit 2 Esslöffeln Rotweinessig abschmecken.

5. Einfach das Glas wieder mit dem Deckel verschließen und durch leichtes Schütteln den Kartoffelsalat anmachen.

Danach den Salat aus dem Glas nur auf einen Teller geben und ganz zum Schluss noch mit etwas Curry bestäuben.

Zubereitung in Gläsern und Dosen

3

4

5

2 EL Ketchup

1/2 Glas Mayonnaise (125 g)

1 EL frisch gepresster Orangensaft

1 TL Weinbrand

300 g Reste vom Grillhuhn

200 g Ananasscheiben aus der Dose

1

2

Cocktailsauce zu Geflügelsalat

Retro-Sauce

1. Den Ketchup mit in das Mayonnaisenglas geben.

2. Den Orangensaft zugeben. Falls Sie noch einen Rest Orangensaft vom Frühstück übrig haben sollten – der tut es auch.

3. 1 Schuss Weinbrand – keinen Rum!

4. Das Glas gut verschließen und schütteln und schütteln ...

5. Die Reste vom Grillhuhn (ohne Haut) oder vom Suppenhuhn in Stücke schneiden, die Ananasringe ebenfalls in Stücke schneiden und beides mit der Cocktailsauce vermischen. Mit Salz und schwarzem Pfeffer abschmecken.

In Schälchen geben und mit Salatblättern, Orangenscheiben und etwas Paprikapulver garnieren

Zubereitung in Gläsern und Dosen

10

- **So können Sie Reste optimal nutzen und danach die Cocktailsauce wieder gut verschlossen im Glas aufbewahren.**

3

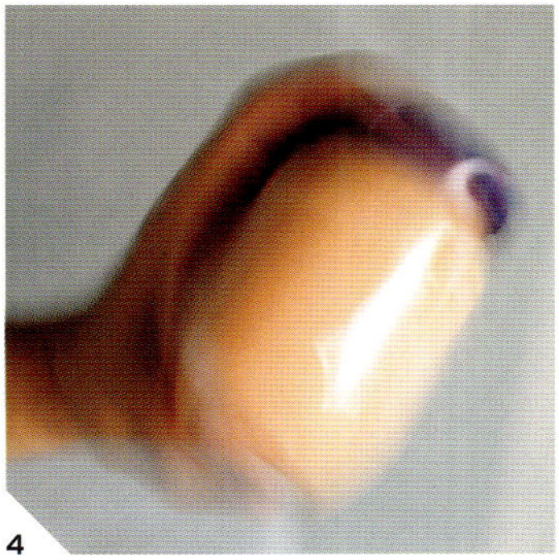
4

5

1 Lauchstange

1 Karotte

1/2 Glas gekochte Linsen (300 g)

1 TL feiner Senf

2 EL Balsamico-Essig

1

2

Linsensalat mit Gemüsewürfeln im Glas angemacht

Rohkost-Fastfood

1. Die Lauchstange halbieren und gut waschen. Dann der Länge nach in feine Streifen schneiden.

2. Nun die Lauchstreifen in feine Stücke schneiden und dabei auf die Finger und besonders auf den Daumen achten!

3. Die Karotte schälen, der Länge nach in dünne Scheiben schneiden, danach in feine Streifen und sodann in feine Würfel. Zusammen mit dem Lauch in das Glas mit den Linsen geben.

4. Dann Senf, je 1 Prise Salz und schwarzen Pfeffer sowie den Balsamico-Essig in das Linsenglas geben und mit dem Deckel verschließen.

5. Den Salat durch leichtes Schütteln im Glas mischen und somit anmachen.

In Schalen anrichten und dazu leicht getoastetes Brot reichen.

Zubereitung in Gläsern und Dosen

15

3

4

5

Konservieren

Wer kennt das nicht: Man geht hungrig in den Supermarkt ... und kommt hungrig wieder heraus. Beladen mit Vorräten für Wochen.

Was tun? Essen und aus allen Nähten platzen? An Katze und Goldfisch verfüttern? Zur Bahnhofsmission bringen? Auf dem Balkon kompostieren? Oder gleich der Biotonne anvertrauen?

Warum nicht einfach konservieren und zugleich optimieren? Methoden gibt es viele: Einkochen, Einfrieren, Einlegen, Marinieren. In Zucker, Essig, Öl oder Alkohol. Mit Geschmacksrichtung nach Wahl: sauer, süß, süßsauer. Geschmackszuwachs und Haltbarkeit inklusive.

1 Knoblauchzehe

1 Bund Basilikum

2 EL Pinienkerne

100 ml Olivenöl

50 g geriebener Parmesan

1

2

Basilikum-Pesto mit Pinienkernen und Olivenöl

Basilikum forever

1. Die Knoblauchzehe schälen, in kleine Stücke schneiden und mit 1 Prise Salz im Mörser zerreiben.

2. Saubere Basilikumblätter und Pinienkerne zugeben und zusammen mit dem Olivenöl fein zerreiben.

3. Danach den fein geriebenen Parmesan zugeben und weiter bearbeiten.

4. Ist das Basilikum-Pesto schön cremig und fein, dann noch einmal mit Salz und Pfeffer abschmecken und in einem verschließbaren Glas im Kühlschrank aufbewahren.

Sie können das Pesto auch etwas gröber lassen, so schmeckt es noch mehr wie hausgemacht! Im Kühlschrank hält sich das Pesto gut 4 Wochen.

Konservieren

15

- **Das Pesto erst kurz vorm Servieren über die frisch gekochte Pasta geben und untermischen. So entfaltet sich der Geschmack am besten.**

3

4

125 g Butter

$^1/_2$ Bund Petersilie

1 kleine Knoblauchzehe

1 Lauchzwiebel

1 TL scharfer Senf

einige Spritzer Tabasco

1

2

Kräuterbutter mit Zwiebeln und scharfem Senf

Wie im Steakhaus

1. Die Butter in eine Schüssel geben und bei Zimmertemperatur weich werden lassen. Das Einpackpapier der Butter nicht wegwerfen.

2. Die Petersilie gut waschen, trockenschütteln und fein hacken. Knoblauch und Lauchzwiebel ebenfalls fein hacken und zur Butter geben. Den scharfen Senf zugeben.

3. Mit einigen Spritzern Tabasco sowie Salz und schwarzem Pfeffer abschmecken.

4. Mit einer Gabel die Zutaten gut vermischen.

5. Die fertige Kräuterbutter wieder auf das Butterpapier geben, zu einer Rolle formen und in den Kühlschrank legen.

Kräuterbutter in Scheiben schneiden, auf gegrillte Schweinesteaks legen und mit gegrillten Kartoffeln servieren. Im Tiefkühlfach bleibt die Kräuterbutter 4 Wochen haltbar.

Konservieren

15

- **Hat man keine Kräuter zur Hand, kann man stattdessen 1 Esslöffel Tomatenmark verwenden. Das macht die Butter herrlich rot und passt dann auch zu gegrilltem Fisch.**

4

5

500 g Tomaten

1 Orange

3 Thymianzweige

250 ml Öl

1

2

Getrocknete Tomatenscheiben mit Orangenschale und Thymian

Nach der Balkon-Ernte

1. Die Tomaten waschen, in 1/2 cm dicke Scheiben schneiden und auf ein mit 2 Esslöffeln Olivenöl beträufeltes sowie mit Salz und Pfeffer bestreutes Backblech mit Backpapier legen.

2. Die Tomatenscheiben von oben mit Salz, schwarzem Pfeffer und 2 Esslöffeln Zucker bestreuen.

3. Mit dem Sparschäler 2 Stück Schale von der Orange schälen und in feine Streifen schneiden. Zusammen mit den Thymianzweigen auf den Tomaten verteilen und in den auf 80 °C vorgeheizten Backofen geben.

4. Die Tomaten für etwa 1 Stunde im Ofen lassen, dann den Ofen ausschalten. Am besten über Nacht im Ofen auskühlen lassen.

5. Die Tomaten in Gläser füllen und mit so viel Öl aufgießen, dass sie bedeckt sind. So sind sie gut 1 Monat im Kühlschrank haltbar.

Die Tomatenscheiben mit dem Öl unter Pasta mischen und mit Parmesanspänen bestreuen. Schmeckt auch sehr gut über Salat oder frischen Mozzarellascheiben.

Konservieren

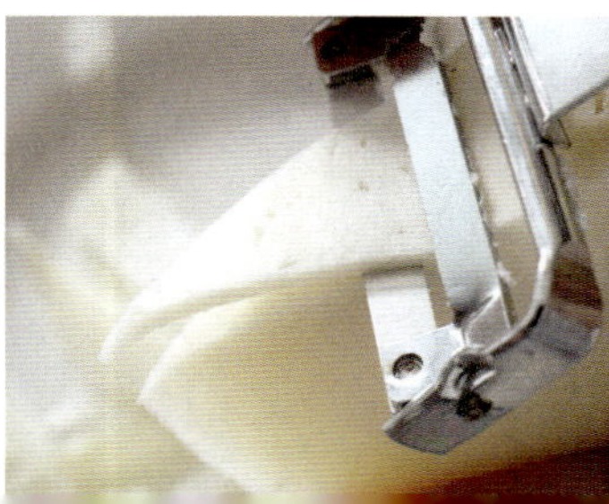

- **Mit einem Kartoffelschäler kann man vom Käse leicht gleichmäßige Käsespäne schälen und zum Dekorieren verwenden.**

3

4

5

1/2 Ananas

2 Zwiebeln

80 g Mandelblättchen

2 TL Currypulver

150 g brauner Zucker

100 ml Weißweinessig

1

2

Ananas-Zwiebel-Chutney mit gerösteten Mandeln und Curry

Ananas im Einmachglas

1. Die Ananas schälen und die Augen herausschneiden. Dann die Ananas in Würfel schneiden.

2. Zwiebeln schälen, in Streifen schneiden und in Öl anschwitzen. Dann Mandelblättchen, Curry, Zucker und 1/2 Teelöffel Salz dazugeben.

3. Die Ananaswürfel zufügen.

4. Mit dem Weißweinessig ablöschen und etwa 30 Minuten sanft köcheln.

5. Das Chutney ist fertig, wenn fast alle Flüssigkeit eingekocht ist und das Chutney schön würzig und süßsauer schmeckt. Danach am besten noch heiß in verschließbare Gläser füllen und auskühlen lassen. Im Kühlschrank hält sich das Chutney im geschlossenen Glas gut 2 bis 3 Monate!

Das Chutney am besten zu kräftigem, in dünne Scheiben geschnittenem Käse servieren.

Konservieren

60

■ **Die Ananas schälen und die Augen mit einem Messer der Länge nach entfernen.**

3

4

5

1 kleiner Blumenkohl

200 ml Weißweinessig

120 g Zucker

1 rote Chili

1 EL gemischte Pfefferkörner

2 Knoblauchzehen in der Schale

3 Karotten

1

Blumenkohl-Karotten-Pickles

Gemüse-Einlage

1. Die Blumenkohlröschen mit einem kleinen Messer vom Strunk abschneiden.

2. $^1/_2$ l Wasser, Essig, Zucker, Chili, Pfefferkörner und Knoblauchzehen in einem Topf zum Kochen bringen. Die Karotten schälen, in schräge Scheiben schneiden und zugeben.

3. Die Blumenkohlröschen ebenfalls zugeben und 5 Minuten kochen lassen. Danach von der Kochstelle nehmen.

4. Noch heiß in verschließbare Gläser füllen und gut mit Flüssigkeit bedecken.

5. Verschließen und auskühlen lassen. Am besten noch einige Tage richtig durchziehen lassen, damit der Gewürzsud den Blumenkohl und die Karotten richtig marinieren kann.

Die Mixed Pickles sind gut verschlossen im Kühlschrank 4 Wochen haltbar.

Konservieren

35

- **Servieren Sie das süßsaure Blumenkohl-Karotten-Gemüse zu Salami, Schinken oder auch Pasteten zusammen mit frische Brot.**

2

3

4

5

2 Salatgurken

3 Knoblauchzehen

1 rote Chili

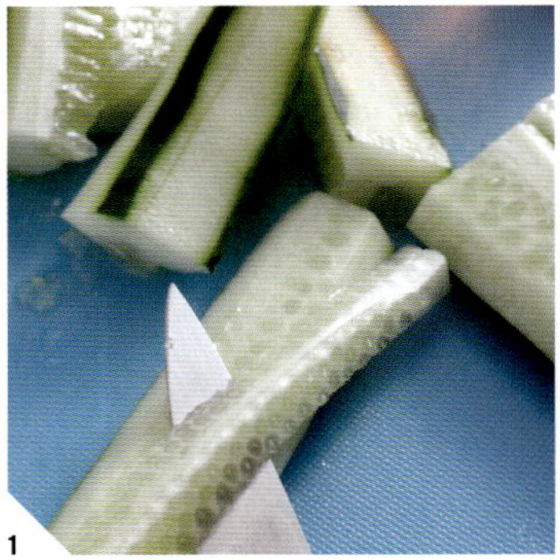
1

2

Marinierte Salatgurken mit Knoblauch und Chili

Gurke, mittelscharf

1. Die Salatgurken großzügig schälen, sodass noch etwas von der Schale erhalten bleibt. Der Länge nach vierteln und die Kerngehäuse herausschneiden.

2. Danach in kleinere Stücke schneiden und zusammen in einer Schale mit dem in feine Scheiben geschnittenen Knoblauch und der Chili vermischen.

3. Je 1 Esslöffel Zucker und Salz über die Gurken streuen.

4. Nun mit 2 Esslöffeln Weißweinessig begießen und vermischen. Abgedeckt 1 Tag im Kühlschrank stehen lassen, so können die Gurken richtig marinieren. Diese Gurken halten sich in der Marinade gut 1 Woche – zum Schluss werden sie immer pikanter!

Passt gut zu gegrilltem oder gebratenem Schweinefleisch oder auch als Snack zum Bier

Konservieren

15

3

4

2 Bund glatte Petersilie

1

2

Petersilienwürfel für Suppen und Saucen

Petersilie forever

1. Die Petersilienblätter von den Stielen zupfen und im kaltem Wasser gut waschen. Aus dem Wasser in einen verschließbaren Gefrierbeutel geben und das restliche Wasser abgießen.

2. Den Gefrierbeutel verschließen. Die leicht feuchte Petersilie hält sich darin im Kühlschrank einige Tage so gut wie frisch geernet.

3. Oder die Petersilie mit einem großen scharfen Messer fein schneiden.

4. Die geschnittene Petersilie in die Eiswürfelschale geben und mit Wasser auffüllen. In das Tiefkühlfach stellen.

5. Gefrorene Eiswürfel je nach Bedarf herausbrechen, einfach in eine Suppe oder Sauce geben und darin auflösen.

Die Petersilienwürfel sind im Tiefkühlfach mindestens 3 Monate haltbar. So haben Sie immer frische Petersilie zur Hand!

Konservieren

15

- **Die Petersilienstiele nicht wegwerfen, denn damit kann man auch noch würzen: Mit einem Küchenfaden zum Bund binden und so in Saucen oder Suppen geben.**

3

4

5

$^{1}/_{2}$ l Weißweinessig oder Obstessig

100 g rote Johannisbeeren

2 EL brauner Zucker

1

2

Hausgemachter Johannisbeeressig

Essigsaure Johannisbeeren

1. Den Essig in einen kleinen Topf geben und die Johannisbeeren zufügen.

2. Den Zucker einstreuen und zum Kochen bringen.

3. Den Essig mit den Johannisbeeren 1 Minute leise köcheln und dann vom Herd nehmen.

4. Durch ein feines Sieb in einen Topf gießen.

5. Die Johannisbeeren mit einer kleinen Schöpfkelle noch etwas im Sieb ausdrücken. Dadurch kommt noch mehr Geschmack in den Essig. In eine Flasche füllen und verschließen. So ist der Essig 6 Monate haltbar.

Ein Dressing aus diesem Essig, Olivenöl, Salz, Pfeffer und Zucker mischen und über einen Blattsalat nach Wahl geben.

Konservieren

15

- **Anstatt mit Johannisbeeren kann man mit Thymian und Pfefferkörnern einen würzigen Kräuteressig zubereiten.**

3

4

5

 2 bis 3 große Rosmarinzweige

 2 Thymianzweige

 3 Lorbeerblätter

 einige Petersilienstiele

 3 Knoblauchzehen in der Schale

 $^1/_2$ l Olivenöl

1

2

Kräuterolivenöl aus Rosmarin, Lorbeer und Thymian

Kräuteröl leicht gemacht

1. In eine trockene Flasche die Rosmarin- und Thymianzweige hineingeben.

2. Lorbeerblätter und Petersilienstiele ebenfalls in die Flasche geben.

3. Die Knoblauchzehen in der Schale leicht andrücken und so in die Flasche geben.

4. Das Olivenöl leicht erhitzen. Wenn das Öl anfängt, „Straßen" zu bilden, dann ist es soweit!

5. Nun durch einen Trichter in die Flasche füllen und auskühlen lassen. Das Öl wird durch die Kräuter und durch das anschließende Auskühlen etwas trüb, doch das legt sich nach einiger Zeit wieder. Das Kräuteröl ist 1 Monat haltbar.

Das Kräuteröl über reife Tomaten mit roten Zwiebelringen und etwas Stangensellerie träufeln. Bei so einfachen Gerichten kommt der Geschmack des Öls am besten zur Geltung.

Konservieren

15

- **Nach dem Auskühlen das Kräuteröl am besten im Kühlschrank aufbewahren – so hält sich das Aroma länger!**

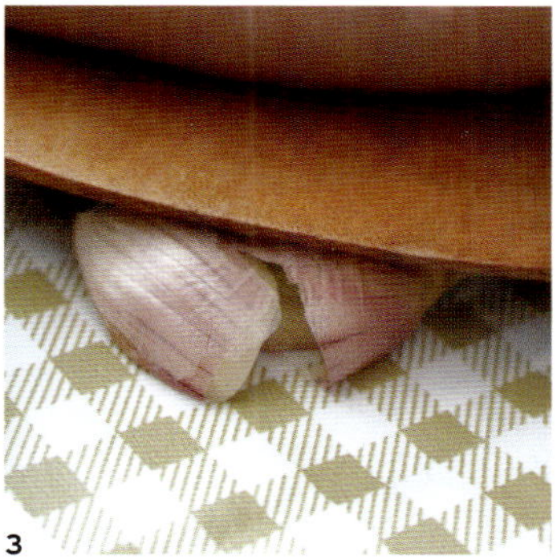
3
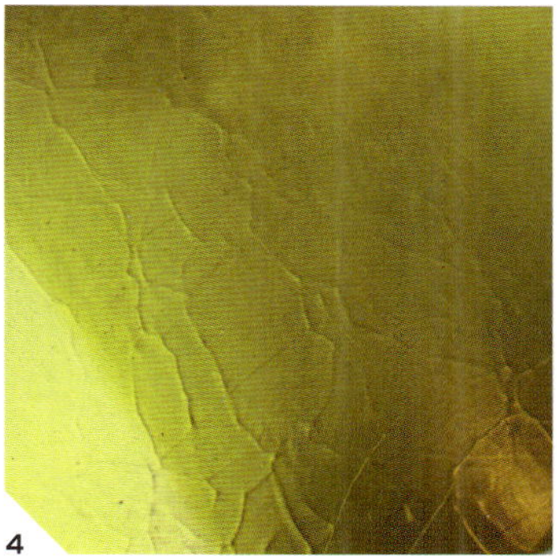
4

5

1 Hühnerbrust ohne Haut

1 Lauchzwiebel

1 TL Aprikosenmarmelade

1 EL Pistazienkerne

1 EL Portwein oder Sherry

1

2

Eingekochte Hühnerbrust mit Pistazien

Huhn im Marmeladenglas

1. Die Hühnerbrust in kleine Stücke, die Lauchzwiebel in grobe Stücke schneiden und zusammen mit der Aprikosenmarmelade in eine Schüssel geben.

2. Die Pistazienkerne, den Portwein oder Sherry untermischen und mit Salz und schwarzem Pfeffer abschmecken.

3. In ein sauberes Marmeladenglas füllen und mit dem Löffel etwas festdrücken.

4. Mit dem Deckel verschließen und in einen Topf mit köchelndem Wasser geben. Vorher noch etwas Küchenpapier in den Topf legen, damit das Glas beim Köcheln nicht tänzelt! Das Glas muss mit Wasser bedeckt sein und für 45 Minuten leise köcheln.

5. Das Glas aus dem Wasser nehmen und auf Zimmertemperatur auskühlen lassen. Im Kühlschrank aufbewahren. Diese einfache Pastete hält sich gut 14 Tage.

Mit gerösteten Brotscheiben und saurem Gemüse servieren.

Konservieren

3

4

5

300 g Lachsfilet ohne Haut

1 rote Zwiebel

2 Karotten

1 Selleriestange

100 ml Weißweinessig

1 EL gemischte, geschrotete Pfefferkörner

2 Lorbeerblätter

1

2

Roher Lachs in heißer Gemüsemarinade gegart

Lorbeer-Lachs

1. Das Lachsfilet erst in 2 cm dicke Streifen, danach in gleich große Würfel schneiden und in eine hohe Auflaufform geben.

2. Die Zwiebel schälen, vierteln und in Streifen schneiden. Die Karotten schälen und ebenso wie die Selleriestange leicht schräg in Scheiben schneiden.

3. $^1/_2$ l Wasser, Essig, 3 Esslöffel Zucker, Gemüse, Pfefferkörner und Lorbeerblätter in einen Topf geben und zum Kochen bringen.

4. Die Marinade etwa 5 Minuten kochen und danach etwas abkühlen lassen.

5. Noch sehr warm über die Lachswürfel geben und diese dann mindestens eine Stunde aber am besten über Nacht in der Marinade im Kühlschrank durchziehen lassen. Gekühlt ist der marinierte Fisch 3 bis 5 Tage haltbar.

Den Lachs zusammen mit der Marinade in tiefen Tellern servieren und dazu schwedische Butterbrote reichen (Knäckebrot mit viel Butter bestrichen!).

Konservieren

95

- **Haben Sie noch anderen Fisch im Kühlschrank, vielleicht frischen Thunfisch, Matjesfilets oder auch Forellenfilets? Die Marinade schmeckt auch zu diesen Fischen**

3

4

5

4 Hähnchenschenkel

10 Knoblauchzehen in der Schale

1 Rosmarinzweig

1 EL grober Senf

200 ml trockener Weißwein

200 g Kartoffeln

1

Huhn in Senf-Weißwein-Marinade mit ganzen Knoblauchzehen

Hühnchen wiederbelebt

1. Die Hähnchenschenkel halbieren und mit den in der Schale angedrückten Knoblauchzehen, Rosmarin und Senf sowie Weißwein vermischen und marinieren.

2. Mit 3 Esslöffeln Olivenöl beträufeln und mindestens für 1 bis 2 Stunden in den Kühlschrank stellen. Sie können das Huhn auch bis zu 3 Tage marinieren, dadurch bleibt es länger verwendungsfähig.

3. Die Hähnchenschenkel mit Marinade in eine Keramik-Auflaufform geben und die geschälten und grob geschnittenen Kartoffeln dazugeben. Nun im vorgeheizten Backofen bei etwa 200 °C für 45 Minuten braten. Dabei die Hähnchenschenkel gelegentlich wenden, falls notwendig.

Auflaufform mit Hähnchenschenkeln einfach auf den Tisch stellen – jeder kann sich selbst bedienen.

Konservieren

- **So holen Sie auch den letzten Re Senf aus dem Glas: Wein einfüller schütteln und über das Fleisch gießen.**

2

3

500 g Wurzelgemüse wie Karotten, Stangensellerie und Zwiebeln

1 Knoblauchknolle

200 g Zucker

200 ml Weißweinessig

1 TL Wacholderbeeren

3 Lorbeerblätter

1 bis 1,5 kg Rindfleisch

1 EL Tomatenmark

300 g Sahne

1

Sauerbraten in Gemüsesauce

Fleisch süßsauer

1. Das Gemüse klein schneiden und die ganze Knoblauchknolle quer halbieren. 2 l Wasser in einen Topf geben und mit Zucker, Essig, Gemüse, Knoblauch und Gewürzen zum Kochen bringen, 5 Minuten köcheln und abkühlen lassen.

2. Das Rindfleisch in einem Topf mit der Marinade übergießen.

3. 5 Tage marinieren. Herausnehmen und auf Küchenpapier abtropfen lassen. Die Marinade durch ein Sieb gießen, Gemüse und Flüssigkeit aufbewahren.

4. Das Fleisch salzen und pfeffern und im Schmortopf anbraten. Das Wurzelgemüse mit den Gewürzen zugeben und ebenfalls rösten. Das Tomatenmark zugeben und die Marinade angießen. Zudecken und 2 Stunden sanft köcheln, dabei gelegentlich wenden. Den Braten herausnehmen, die Sahne zur Sauce geben und mixen. Durch ein feines Sieb passieren und den Braten wieder in die Sauce legen.

Dieser Sauerbraten reicht für 4 bis 6 Personen.

Konservieren

*** 180

+ 5 Tage Marinierzeit

- **In einer Marinade kann man Fleisch gut 3 bis 5 Tage im Kühlschrank konservieren. Außerdem wird das Fleisch wunderbar zart.**

2

3

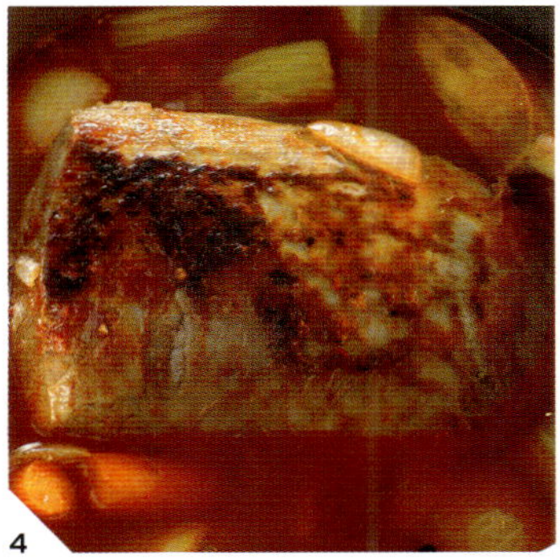
4

3 Orangen

1 Limette

300 g Zucker

8 Sternanis

8 Kardamomkapseln

1

2

Gewürzter Orangensirup

Orange zum Tee

1. Orangen und Limette unter heißem Wasser gut waschen und dann in 3 cm große Stücke schneiden.

2. In einen Topf $3/4$ l Wasser und die geschnittenen Zitrusfrüchte geben. Zucker, Sternanis und Kardamomkapseln ebenfalls beifügen.

3. Insgesamt etwa 30 Minuten leise köcheln lassen, dabei gelegentlich umrühren und den sich auf der Oberfläche bildenden Schaum mit einem Schöpflöffel abnehmen. Danach etwas abkühlen lassen und in gut verschließbare Gläser abfüllen.

Dieser Sirup ist mindestens 3 Monate haltbar.

3

1 l Milch

400 g Zucker

1

Karamell-Milch

Milchschnitte selbst gemacht

1. Milch und Zucker in einen breiten Topf geben und langsam zum Kochen bringen.

2. Den sich auf der Oberfläche bildenden Schaum mit einer kleinen Schöpfkelle abnehmen, damit man später in der süßen Milch keine Klümpchen hat.

3. Die süße Milch ist fertig, wenn sie schön karamellfarben ist und anfängt, zähflüssig zu werden. Danach in ein Glas füllen, verschließen und auskühlen lassen. Die Karamell-Milch ist mindestens 3 Monate haltbar.

Frische Weißbrotscheiben toasten und mit „Dulce de leche" bestreichen – das ist das klassische Frühstück in Argentinien.

Konservieren

*** 50

2

3

500 g tiefgefrorene Beerenfrüchte

4 EL brauner Zucker

$1/2$ l brauner oder weißer Rum

1

Rumfrüchte

Beschwipste Beeren

1. Die gefrorenen Beerenfrüchte in eine Schale geben, mit braunem Zucker bestreuen, vermischen und 5 Minuten stehen lassen.

2. Die mit Zucker vermischten Früchte in einen hohen Becher geben.

3. Nun die Früchte mit Rum aufgießen, bis sie bedeckt sind. Danach am besten mit einem Deckel verschließen und kühl und dunkel stellen.

Die Früchte halten sich dank Alkohol und Zucker gut 3 Monate. Diese Rumfrüchte einfach über Vanilleeis geben oder mit süßen Pfannkuchen servieren. Vorsicht bei der Dosierung, denn die kleinen Früchte haben es nach einiger Zeit in sich!

Die Rumfrüchte reichen für 4 bis 6 Personen.

2

3

- 4 Birnen
- 200 ml Weißwein
- 100 g Zucker
- 2 Zimtstangen
- 3 Zitronenscheiben
- 1 TL Kaffeebohnen
- 5 Nelken

1

Birnenkompott mit Kaffeebohnen und Zimt

Birne hart? Birne zart!

1. Die Birnen waschen und so schälen, dass kleine Schalenstreifen an der Birne bleiben.

2. Die Birnen vierteln und das Kerngehäuse mit einem Messer herausschneiden.

3. 300 ml Wasser mit dem Weißwein und dem Zucker im Topf zum Kochen bringen. Die Birnenviertel zugeben.

4. Nun auch die restlichen Zutaten wie Zimtstangen, Zitronenscheiben, Kaffeebohnen und Nelken zugeben. Zugedeckt etwa 20 Minuten dünsten.

5. Um zu prüfen, ob die Birnen gut sind, stechen Sie mit einem Messer in die Birnenstücke. Sollten die Birnen sehr reif sein, verkürzt sich natürlich die Kochzeit. Danach im eigenen Saft auskühlen lassen.

Nun das Birnenkompott in Gläser füllen und servieren. Das Kompott ist im Kühlschrank 14 Tage haltbar.

2

3

4

5

4 Orangen

6 EL Campari

1

2

Campari-Orange-Sorbet

Ein Aperitif als Nachspeise

1. Die Orangen auspressen. Den Saft in einen hohen Behälter geben und mit 3 Esslöffel Zucker abschmecken.
2. Den Campari unterrühren.
3. Die ausgepressten Orangenhälften nun mit einem kleinen Löffel so auskratzen, dass nur noch die weiße Innenschale zurückbleibt.
4. Die ausgekratzten Orangenschalen dicht an dicht in eine flache Form setzen, sodass sie nicht umfallen können. Die Orangensaftmischung einfüllen und für 3 Stunden ins Tiefkühlfach stellen.

Zum Servieren die Orangenhälften mit einer halben Orangenscheibe und einem zusätzlichen Schuss Campari aufpeppen.

Dieses Campari-Orange-Sorbet reicht für 4 Personen. Im Tiefkühlfach ist es gut 3 Monate haltbar.

- **Die Orange oben und unten auslösen. Von der Orange mit dem Messer die Schale samt der weißen Haut abschneiden. Dana die Früchte in Scheiben schneid und zum Dekorieren verwenden.**

3

4

 500 g Rahmjoghurt

 150 g Blaubeeren

 4 EL Puderzucker

1

2

Rahmjoghurt-Blaubeereis

Blaubeeren am Stiel

1. Joghurt und Blaubeeren in einen Mixer geben.
2. Mit dem Puderzucker bestreuen.
3. Langsam mixen, bis sich alle Zutaten gut vermischt haben.
4. Die Mischung ist fertig, wenn die Blaubeeren fein püriert sind und der Joghurt eine kräftige violette Farbe hat.
5. Nun die Blaubeermischung in Eisbehälter einfüllen und für gut 3 Stunden ins Tiefkühlfach stellen

Ein schönes Dessert – süß und erfrischend zugleich!

Dieses Blaubeereis reicht für 7 Personen und ist im Tiefkühlfac 3 Monate haltbar.

3

4

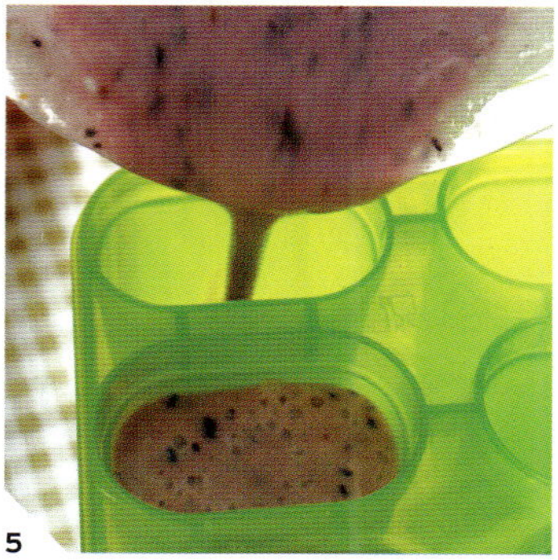
5

200 g Erdbeeren

75 g Puderzucker

1

2

Erdbeereis

Strawberry Fields Forever

1. Überreife Erdbeeren aussuchen und den Stiel samt den Kelchblättern mit einem Messer herausschneiden.

2. In einen Messbecher geben und mit dem Puderzucker bestreuen. Mixen, bis die Erdbeeren ganz fein püriert sind.

3. In eine flache Schale gießen und ins Tiefkühlfach geben.

4. Im Tiefkühlfach etwa 2 Stunden gefrieren lassen, dabei von Zeit zu Zeit die gefrierende Masse durchrühren, damit das Eis nicht zum Block gefriert.

Das Erdbeereis in vorgekühlte Gläser geben und zum Schluss mit flüssiger Sahne übergießen.

Dieses Erdbeereis reicht für 4 Personen und ist im Tiefkühlfach 3 Monate haltbar.

- **Geht auch als Eis am Stiel. Dazu die Erbeermousse in die entsprechenden Formen füllen, Stiel rein und warten …**

3

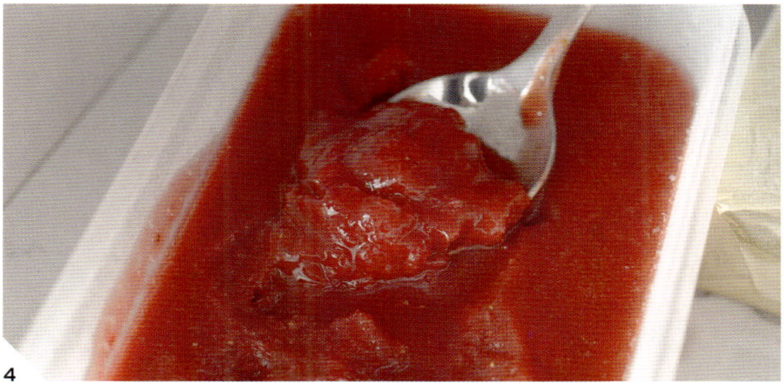
4

- 2 Rosmarinzweige
- 1/2 l Milch
- 500 g Sahne
- 3 EL Honig
- 1 Ei

1

Rosmarin-Honig-Eis

Eine Kugel Rosmarin bitte

1. Die Rosmarinblätter vom Stiel abstreifen und in einem Küchenmixer mit 3 Esslöffeln Zucker fein zerkleinern.

2. In ein hohes Gefäß Milch, Sahne und Rosmarinzucker geben.

3. Danach den Honig zufügen.

4. Zuletzt noch das Ei zugeben und alles schaumig aufschlagen. In kleine Förmchen füllen und für 2 1/2 bis 3 Stunden in das Tiefkühlfach geben.

Das Eis entweder direkt aus den Förmchen essen oder auf Teller stürzen und dann servieren.

Das Rosmarin-Honig-Eis reicht für 4 Personen und ist im Tiefkühlfac[h] 3 Monate haltbar.

- **Probieren Sie mal Rosmarinzucker zum Süßen von schwarzem Tee – schmeckt hervorragend und wirkt dazu noch beruhigend.**

2

3

4

1 Bund Pfefferminze

100 g Zucker

250 g Erdbeeren

1

2

Minzzucker mit Erdbeeren

After-Party-Mojito

1. Die welken Pfefferminzblätter abzupfen und für Tee beiseitestellen. Die besten und zartesten Blätter in Wasser geben, damit sie nicht verwelken, und beiseitestellen.

2. Die durchschnittlichen Blätter für den Minzzucker verwenden.

3. Die Minzblätter mit dem Zucker im Mixer so lange verarbeiten, bis die Blätter ganz fein sind und der Zucker eine hellgrüne Farbe hat. In ein verschließbares Glas geben und im Kühlschrank aufbewahren. Der Minzzucker ist so mindestens 3 Monate haltbar.

   Die Erdbeeren mit reichlich Minzzucker süßen und zugleich dekorieren.

■ **Minzblätter in ein Glas geben und mit heißem Wasser aufgießen. In arabischen Ländern wird Minztee wegen seiner erfrischenden Wirkung geschätzt.**

3

1 Bund Pfefferminze

100 g Zartbitterschokolade

1

2

Minzblätter in Schokolade

After Dinner Mints hausgemacht

1. Die Minzblätter von den Stielen zupfen.

2. Die Schokolade in Stücke brechen und im Wasserbad unter ständigem Rühren bei kleiner Hitze auflösen. Die Minzblätter auf Backpapier auslegen.

3. Auf jedes Blatt Minze einen Klecks zerlassene Schokolade geben.

4. Mit einem Messer die Schokolade auf den Minzblättern verstreichen und auskühlen lassen.

Die Schokoladenminzblätter sind im Kühlschrank 1 Woche haltbar.

Konservieren

40

- **Die Schokoladenreste im Topf zu lassen wäre zu schade. Einfach Milch zugießen und unter Rühren aufkochen. Die Schokolade löst sich in der Milch auf – fertig ist eine Trinkschokolade.**

3

4

Gestern gut – heute besser

Die neue Bekannte aus dem Kino, der alte Schulfreund in der Kneipe – Begegnungen, die nach mehr verlangen. Aber wie?

Ein Dinner muss her, sofort! Ohne Einkauf kaum möglich, schon gar nicht Samstagnacht. Oder doch? Wie wäre es mit überbackenen Nachos aus dem Kino oder den Gnocchi von gestern mit rotem Curry? Dazu vielleicht ein Kakao-Sorbet?

Daraus wird auf jeden Fall ein unvergesslicher Abend.

200 g Mehl

1 Ei

3 TL schwarze Pfefferkörner

150 ml Bier

300 g tiefgefrorene Tintenfischringe im Backteig

1 l Öl zum Ausbacken

1

2

Tintenfischringe im Pfefferteig

Tintenfisch im Doppelback

1. Mehl, Ei und zerstoßene Pfefferkörner in eine Schale geben.

2. Vorsichtig mit etwas Bier verrühren, indem Sie das Bier nach und nach zugeben.

3. Der Teig sollte in dieser Konsistenz von der Gabel fließen.

4. Die tiefgefrorenen Tintenfischringe in den Backteig geben und wenden, damit die Ringe vom Teig vollständig umhüllt sind.

5. Das Öl in einem halbhohen Topf erhitzen. Die Tintenfischringe hineingeben und mit einem Holzspieß wenden.

Sind die Ringe goldgelb, dann auf Küchenpapier geben, etwas abtropfen lassen und mit Remouladensauce und Zitronenecken servieren.

Gestern gut – heute besser

25

- **Die Pfefferkörner mit einem Stößel vorsichtig zerdrücken, sodass die Körner nicht wegspringen!**

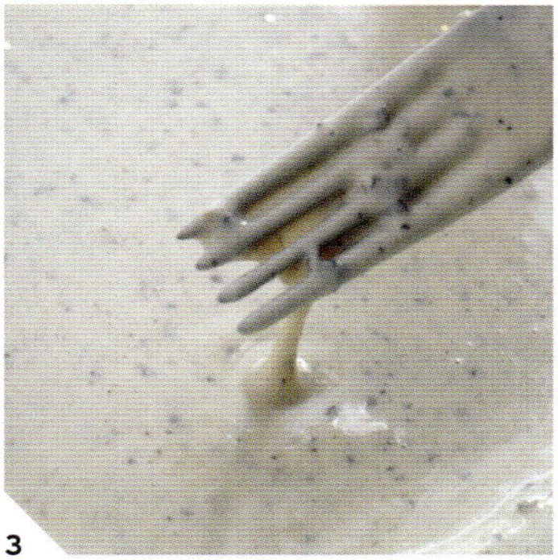
3

4

5

 6 Sushi-Rollen

 1 TL Sesamöl

 1 EL Austernsauce

 1 TL gehackte Korianderblätter

1

Gebratenes Sushi in Sesamöl

Sushi von gestern für Singles von heute

1. Die Sushi-Rollen vom Vortag in eine heiße beschichtete Pfanne geben, mit Sesamöl beträufeln und 1 Minute braten.

2. Die Austernsauce um die Sushi geben und in der heißen Pfanne auflösen.

3. Nun die Sushi wenden und eine weitere Minute von der zweiten Seite braten.

4. Zum Schluss mit Korianderblättern bestreuen und als kleines Appetithäppchen zum Bier oder auch zu kräftigem Wein servieren.

Gestern gut – heute besser

2

3

4

 300 g Nachos

 200 g Dose scharfe Salsa

 50 g Chilis

 100 g geriebener Käse

 1 Bund Schnittlauch

1

2

Überbackene Nachos mit scharfer Salsa

Aus dem Kino auf den Tisch

1. Die Nachos in eine flache Auflaufform geben und die scharfe Salsa darüber verteilen.

2. Die Chilis in Scheiben schneiden und ebenfalls über die Nachos verteilen.

3. Mit geriebenem Käse bestreuen – am besten Gouda verwenden. Im Backofen bei 250 °C Oberhitze oder unter dem Grill überbacken und sofort servieren. Zum Schluss mit Schnittlauchröllchen bestreuen.

Gestern gut – heute besser

15

- **Nachos kann man ebenfalls sehr gut mit Bolognesesauce, Chili con Carne, Käse oder auch Avocados überbacken.**

3

1 TL Currypulver

1 TL Paprikapulver

1 TL Ingwerpulver

1 TL getrockneter Majoran

250 g Popcorn

1

2

Gewürz-Popcorn

Late-Night-Show

1. In eine große Schale Curry-, Paprika- und Ingwerpulver sowie den getrockenten Majoran geben und mit 3 Esslöffeln Olivenöl übergießen.

2. Nun die Gewürzmischung gut verrühren.

3. Das Popcorn in die Mischung geben. Darauf achten, dass die Schüssel groß genug ist, damit man das Popcorn gut mischen kann.

4. Das Popcorn gründlich mit der Gewürzmischung vermengen, und der Fernsehabend ist gerettet!

Gestern gut – heute besser

*** 5

- **Mögen Sie es indisch? 2 Teelöffel Tandooripulver mit 3 Esslöffeln Erdnussöl und etwas Currypulver verrühren. Wie oben unte[r] das Popcorn mischen.**

3

4

1 großes Kartoffelrösti

100 g Bauchspeck

100 g geriebener Käse

1

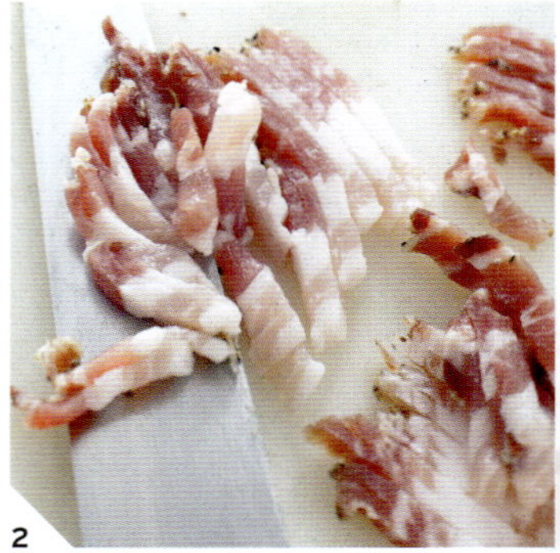

2

Überbackenes Rösti mit Käse und Speck

Grüezi Rösti

1. Das Rösti vom Vortag in Stücke schneiden.

2. Den Bauchspeck in feine Streifen schneiden.

3. Die Röstistücke auf ein mit Backpapier ausgelegtes Backblech geben und mit Speckstreifen sowie geriebenem Käse belegen.

4. Mit reichlich schwarzem Pfeffer aus der Mühle bestreuen.

5. Im Backofen bei 220 °C Oberhitze oder unter dem Grill etwa 10 Minuten überbacken, bis der Käse geschmolzen ist.

*** 20

3

4

5

 1/2 Pizza

 2 Tomaten

 150 g Mozzarella

 1 TL getrockneter Oregano

1

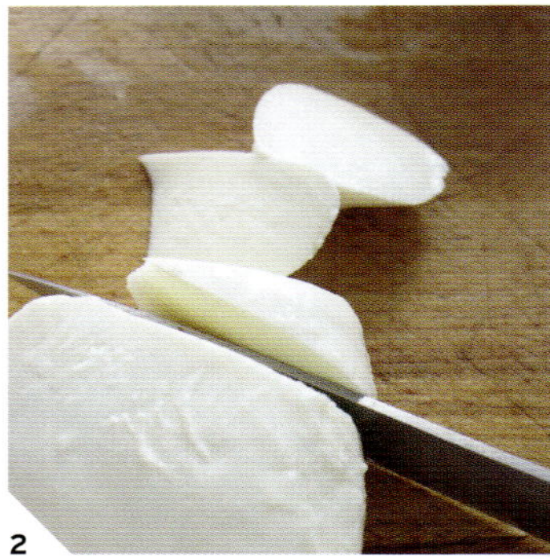

2

Pizzastücke mit Tomaten und Mozzarella gebacken

Pizza im Doppelback

1. Die Pizzareste in Stücke schneiden und auf ein mit Backpapier ausgelegtes Backblech geben. Den Strunk aus den Tomaten schneiden, die Tomaten waschen und in Stücke schneiden.

2. Den Mozzarella in Stücke schneiden.

3. Die Pizzastücke mit Tomate und Mozzarella belegen und mit getrocknetem Oregano bestreuen. Zum Schluss mit Olivenöl beträufeln.

4. Im vorgeheizten Backofen bei 220 °C Oberhitze oder unter dem Grill etwa 10 Minuten überbacken, bis der Käse geschmolzen ist.

Gestern gut – heute besser

* * * 20

- **Durch den saftig-fruchtigen Geschmack der Tomaten und Mozzarellastücke werden die Pizzareste wieder fit gemacht.**

3

4

 1 Knoblauchzehe

 200 g Sahne

 200 g tiefgefrorener Blattspinat

 6 tiefgefrorene Fischstäbchen

 100 g geriebener Käse

1

2

Fischstäbchen auf Blattspinat nach Florentiner Art

Stabfisch gratiniert

1. Die Knoblauchzehe schälen und in grobe Stücke schneiden. In einer Pfanne 2 Esslöffel Öl erhitzen und den Knoblauch darin glasig anschwitzen.

2. Die Sahne zugießen und die tiefgefrorenen Blattspinatwürfel dazugeben. Salzen und pfeffern.

3. Langsam köcheln, damit sich der Spinat auflöst und schön mit der Sahne verbindet.

4. In einer beschichteten Pfanne die Fischstäbchen in etwas Öl goldgelb braten.

5. Den Rahmspinat in eine ovale Auflaufform geben und gleichmäßig auf dem Boden verteilen. Die Fischstäbchen darauflegen und mit dem geriebenen Käse bestreu en. Im auf 220 °C vorgeheizten Backofen bei Oberhitze oder unte dem Grill 10 Minuten überbacken. In der Form servieren.

Am besten passt dazu hausgemachtes Kartoffelpüree.

Gestern gut – heute besser

30

- **Fertig gebratene Fischstäbcher kurz auf Küchenpapier legen, so kann das überschüssige Öl aufgesaugt werden.**

3

4

5

1/2 Dose Babymaiskolben (100 g)

1/2 Bund Koriander

1 TL rote Currypaste

400 ml Kokosmilch

300 g gekochte Gnocchi

1

2

Gnocchi in roter Currysauce

The Day After

1. Die Babymaiskolben abtropfen lassen und zweimal durchschneiden. Den Koriander waschen und grob hacken.

2. Die rote Currypaste mit 2 Esslöffeln Pflanzenöl in der Pfanne leicht anschwitzen und die Babymaiskolben zugeben.

3. Mit der Kokosmilch ablöschen und aufkochen lassen.

4. Nun die gekochten Gnocchi vom Vortag zufügen und 5 Minuten leicht köcheln.

5. Zum Schluss den geschnittenen Koriander untermischen und danach in Schalen anrichten.

Nach Belieben mit einigen Chilifla kes garnieren.

Gestern gut – heute besser

25

- **Hierzu kann statt roter auch grüne oder gelbe Currypaste verwendet werden. Sojasprosse oder auch grüner Spargel vertr gen sich immer mit Curry!**

3

4

5

3 EL Puderzucker

200 g gekochte Gnocchi

250 g reife Erdbeeren

100 g Schichtkäse

1

2

Süße Gnocchi mit Erdbeeren

9 1/2 oder Mein zuckerroter Erdbeermund

1. In einer beschichteten Pfanne 2 Esslöffel Butter mit Puderzucker schmelzen lassen.

2. Die gekochten Gnocchi vom Vortag zugeben und langsam in der süßen Butter braten.

3. Den Stiel und die Kelchblätter der Erdbeeren abschneiden, die Erdbeeren waschen und vierteln. Zu den Gnocchi geben.

4. Weitere 5 Minuten braten und schwenken, dabei darauf achten, dass der Zucker nicht zu dunkel wird.

5. Zum Schluss noch mit dem Schichtkäse bestreuen und sofort servieren.

Gestern gut – heute besser

15

- **Auch geviertelte Aprikosen ode[r] Blaubeeren machen aus diesen einfachen Gnocchi ein überraschendes Dessert.**

3

4

5

6 runde Reispuffer

2 EL Erdbeermarmelade

200 g Erdbeeren

Schale von 1 Orange

1

2

Reispuffer mit Erdbeermarmelade und Erdbeeren

Noch mehr Erdbeeren?

1. Die Reispuffer mit Erdbeermarmelade dünn bestreichen.

2. Den Stiel und die Kelchblätter der Erdbeeren abschneiden, die Erdbeeren waschen, in dünne Scheiben schneiden und auf den Reispuffern anrichten.

3. Mit Orangenzucker (siehe unten) bestreuen und dann als Miniobstkuchen servieren.

Gestern gut – heute besser

20

- **4 Esslöffel Zucker mit Orangenschalen in einem Küchenmixer fein mixen, bis der Zucker leicht orange ist. Diesen dann zum Bestreuen von Kuchen und Desserts verwenden.**

200 g Vanillepudding

4 Scheiben Zitronenkuchen

4 Scheiben Ananas aus der Dose

8 Cocktailkirschen

1 EL Kokosflocken

1

2

Zitronenkuchen mit Vanillepudding und Ananas

Kuchen Hawaii

1. Den Vanillepudding mit einem Löffel aufrühren, damit man ihn besser portionieren kann.
2. Die Zitronenkuchenscheiben auf einer Platte anrichten und in die Mitte jeweils 1 Esslöffel Vanillepudding geben.
3. Darauf dann jeweils 1 Scheibe Ananas legen.
4. Zum Schluss mit Cocktailkirschen und Kokosflocken dekorieren und servieren.

Diese kleinen Kuchen reichen für 4 Personen.

Gestern gut – heute besser

5

- **Geht auch mit Nuss- oder Oran kuchen. Falls Ananasscheiben fehlen sollten, dann probieren S es einmal mit Dosenbirnen!**

3

4

150 g Zartbitterschokolade

1/2 TL Zimt

250 g süßes Popcorn

1

Popcorn-Schokoladen-Pralinen

Pralinés kinderleicht

1. Über einem Wasserbad die Schokolade unter ständigem Rühren in einer Metallschale schmelzen lassen. Den Zimt zugeben und danach noch 1 Esslöffel Öl einrühren – so bekommt die Schokolade später einen schönen glänzenden Schmelz.

2. Nun das Popcorn zu der Schokolade geben und vorsichtig vermischen.

3. Auf Backpapier kleine Popcorn-Schokopralinen geben und mindestens 2 Stunden beiseite stellen bis die Schokolade wieder fest geworden ist. Danach in Schalen oder auch Pralinenschachteln umfüllen.

Das ist eine kleine leckere Süßigkeit – hausgemachte Pralinen, we hat das schon!

- **Popcorn selbst gemacht: Maiskörner in einen Topf mit etwas Ö geben und langsam erhitzen. We der Mais anfängt aufzuplatzen, Topf zudecken. Nach etwa 3 Mi ten ist das Popcorn fertig.**

2

3

 etwa 1/2 l Milch

 1 Packung Instant-Schokopudding

 6 Löffelbiskuits

 1 sehr reifer Pfirsich

 2 EL Johannisbeergelee

1

2

Schokopudding mit Löffelbiskuit und Pfirsichstücken

Englischer Schokopudding

1. Die Milch in einen Messbecher geben und den Instant-Schokopudding einrühren.

2. 4 Löffelbiskuits mit der Hand grob zerdrücken und in zwei hohe Schalen oder Gläser geben.

3. Den reifen Pfirsich vierteln und die Haut vorsichtig abziehen. In Stücke schneiden und über die Biskuits geben.

4. Je 1 Esslöffel Johannisbeergelee darüber verteilen.

5. Zum Schluss den noch dickflüssigen Schokopudding eingießen un etwa 30 Minuten im Kühlschrank durchkühlen lassen.

Mit den übrigen Löffelbiskuits dekorieren.

Gestern gut – heute besser

* * * 45

- **Mit in Scheiben geschnittener Banane anstatt des Pfirsichs u Vanillepudding anstatt Schoko-pudding haben Sie Bananenspli als Dessert getarnt!**

3

4

5

1 Packung Instant-Vanillepudding

etwa 1/2 l Milch

1 Orange

6 Scheiben Zitronenkuchen

1

2

Törtchen mit Vanillecreme und Orangenscheiben

Doppelte Orangentorte

1. Den Instant-Vanillepudding in eine Schale geben und die kalte Milch hineingießen.

2. Mit einem Schneebesen glatt rühren und warten, bis der Pudding anfängt zu binden.

3. Die Orange mit dem Messer so schälen, dass keine weißen Schalenreste an der Orange bleiben. Danach in Scheiben schneiden.

4. Als Erstes 1 Scheibe Zitronenkuchen auf dem Teller platzieren, darauf 1 Esslöffel Vanillepudding geben sowie 1 Scheibe Orange legen. Diesen Vorgang nun noch zweimal wiederholen.

5. Mit einer schönen Orangenscheibe abschließen – fertig ist die Minitorte.

Gestern gut – heute besser

20

- **Die Zitronenkuchenscheiben vorher mit etwas Orangenlikör beträufeln oder auch mit etwas Orangenmarmelade bestreichen.**

3

4

5

2 Scheiben Sandkuchen oder auch anderer fester Kuchen

3 EL Frischkäse, Doppelrahmstufe

1 1/2 reife Bananen

1

2

Karamellisiertes Bananenbrot mit Frischkäse

Banane feuerfest

1. Die Sandkuchenscheiben vom Vortag mit Frischkäse bestreichen.
2. Die Bananen schälen, einmal der Länge nach und einmal quer halbieren und mit der Schnittfläche nach oben auf die Kuchenscheiben setzen.
3. Mit 2 Esslöffeln Zucker bestreuen.
4. Mit einem Küchen-Bunsenbrenner (gibt es im Baumarkt) den Zucker karamellisieren.
5. Die Flamme mit schwingenden Bewegungen und nicht zu nah über den Zucker führen – fängt der Zucker an zu karamellisieren, kann er schnell zu dunkel werden! Alternativ kann man die Bananenbrote im vorgeheizten Ofen bei 250 °C Oberhitze oder unter dem Grill karamellisieren.

So wird übrigens in Profiküchen die knusprige Zuckerschicht über einer Crème brûlée erzielt!

Gestern gut – heute besser

10

- **Sie können auch Nougatcreme anstelle von Frischkäse verwenden. Dann sollten Sie aber etwa weniger Zucker nehmen, sonst wird das Bananenbrot zu süß!**

3

4

5

1 Dose Obstsalat (420 g)

200 g Packung Marshmallows

1

Obstsalat mit Marshmallows

Kindergeburtstag

1. Den Obstsalat in ein Sieb zum Abtropfen geben.

2. Danach den Obstsalat in eine Auflaufform füllen und mit Marshmallows bedecken.

3. Im vorgeheizten Backofen bei 220 °C Oberhitze oder unter dem Grill so lange backen, bis die Marshmallows anfangen, braun zu werden – etwa 10 Minuten.

Danach auf den Tisch stellen und genießen!

Gestern gut – heute besser

15

- **Keine Angst vor folgender Kombination: Mit Marshmallows überbackene Süßkartoffeln sind der Klassiker zum amerikanischen Truthahnessen!**

2

3

 1 reifer Apfel

 100 g Erdbeeren

 100 ml Apfel- oder Orangensaft

 4 große Kugeln Vanilleeis

1

2

Warmes, in Zucker geschwenktes Obst zum Dessert

Eis und heiß

1. Den Apfel schälen, vierteln und das Kerngehäuse herausschneiden.

2. Den Stiel und die Kelchblätter der Erdbeeren entfernen, die Erdbeeren waschen und halbieren. Den Apfel in Stücke schneiden.

3. 2 Esslöffel Butter und 2 Esslöffel Zucker in einer Pfanne schmelzen lassen und die Apfelstücke zugeben. Etwa 3 Minuten sanft karamellisieren.

4. Nun auch die Erdbeeren zu den Apfelstücken geben. Mit Saft ablöschen.

5. Weitere 3 bis 5 Minuten köcheln, bis der Saft eine saucenartige Konsistenz hat.

Danach noch warm über das in Gläser abgefüllte Vanilleeis geben und sofort servieren, bevor das Ei schmilzt.

Gestern gut – heute besser

*** 15

3

4

5

 10 große Eiswürfel

 1/2 l Milch

 3 EL Instant-Kakaopulver

 3 EL Honig

1

Schokoladen-Honig-Sorbet

Kakao zum Löffeln

1. Die Eiswürfel in einen Küchenmixer geben und die kalte Milch darübergießen.

2. Das Kakaopulver darüberstreuen.

3. Den Honig zugeben – es kann auch mehr sein, wenn man es süßer mag!

4. Nun den Deckel aufsetzen und zuerst auf mittlerer Stufe, danach auf höchster Stufe so lange mixen, bis keine Eiswürfel mehr zu sehen sind.

In hohe Gläser füllen und sofort servieren. Frisch gemachtes Schokoladen-Honig-Sorbet in nur 5 Minuten!

Gestern gut – heute besser

*** 5

2

3

4

Kochen mit Resten

Was vom Tage bleibt

Wo gekocht und gegessen wird, da bleiben Reste. Sie sind ein wunderbarer Ausgangspunkt für neue, noch nie da gewesene oder uralte, fast vergessene Gerichte.

Noch aus dem Wenigsten das Beste zu machen, das steht hier im Vordergrund. Resteverwertung, die kreativ, geschmackvoll, wirtschaftlich und nahrhaft ist, und all das aus purer Lust am Essen.

Nicht weitersagen: Einige dieser Gerichte findet man in 3-Sterne-Restaurants wieder.

2 Scheiben altbackenes Weißbrot

1 Knoblauchzehe

1 reife Tomate

1

2

Tomatenbrot mit Olivenöl

Hartes Brot und weiches Rot

1. Das Weißbrot im Toaster toasten. Die Knoblauchzehe schälen und die Brote damit leicht einreiben.

2. Die weiche Tomate auf dem Brot abreiben.

3. Die Tomate so lange einreiben, bis man zum Schluss nur noch die Tomatenhaut in der Hand hält.

4. Mit gutem Olivenöl beträufeln und salzen.

   Rohen Schinken darauflegen und mit einigen Oliven garnieren.

Kochen mit Resten

5

■ **Für die italienische Variante das Brot toasten, mit Knoblauch einreiben, mit Tomatenscheiben belegen, Olivenöl darüberträufeln und mit Basilikumstreifen bestreuen.**

3

4

 300 g angemachtes Tatar

 1 Ei

1

2

Gebratenes Tatar mit Senf

Ganz gar oder gar nicht

1. Das übrig gebliebene Rindertatar mit dem Ei vermischen und zu kleinen Bällchen formen.

2. Die Tatarbällchen in einer beschichteten Pfanne in 1 Esslöffel Öl sanft rundherum braten. Die Bällchen beim Braten sehr vorsichtig wenden.

3. Die Bällchen je nach Größe 5 bis 8 Minuten braten, vorsichtig mit einem Bratenwender herausnehmen und auf Tellern anrichten.

Zusammen mit einem Klecks Senf servieren. Dazu schmeckt am besten kräftiges Landbrot!

*** 15

- **Geht ebenfalls mit Schweinemett! Mettbällchen gut durchbraten, dann muss man auch keine Angst vor 1 Tag altem Hackfleisch haben.**

3

 4 reife Tomaten

 1/2 Lauchstange

 1 Dose Thunfisch in Öl (135 g)

 4 schwarze Oliven

1

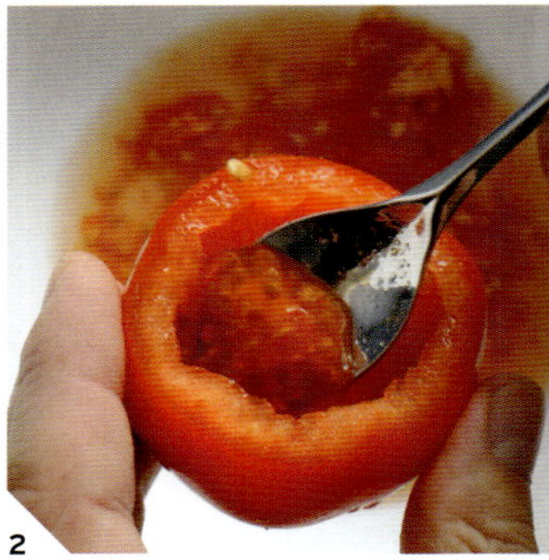
2

Gefüllte Tomaten

Die letzte Dose Thunfisch

1. Die Tomaten waschen, den Strunk entfernen und den oberen Teil der Tomaten etwa 2 cm dick abschneiden. Das Fruchtfleisch mit einem Messer keilförmig heraustrennen.

2. Mit einem kleinen Löffel noch etwas Fruchtfleisch herauskratzen und beiseitestellen.

3. Die Lauchstange halbieren, waschen und in feine Scheiben schneiden. Zusammen mit dem abgetropften Thunfisch in einer Schüssel mit 2 Esslöffeln Olivenöl vermengen und mit Salz und schwarzem Pfeffer gut abschmecken.

4. Den Thunfischsalat in die ausgehöhlten Tomaten füllen und den Deckel auf die gefüllten Tomaten setzen.

5. Das Tomatenfruchtfleisch durch ein feines Sieb drücken. Den aufgefangenen Saft mit Salz, schwarzem Pfeffer und etwas Olivenöl vermischen und wie eine Marinade über die Tomaten träufeln. Zum Schluss jeweils eine schwarze Olive als Garnitur obendrauf setzen.

Kochen mit Resten

*** 25

3

4

5

1 Dose dicke weiße Bohnen (100 g)

1/2 Bund Petersilie

1/2 TL Paprikapulver

Saft von 1/2 Zitrone

1

2

Weißer Bohnendip mit Petersilie und Knoblauch

Bohnen formlos

1. Die Hälfte des Bohnensafts abgießen und die Bohnen in einen Messbecher füllen.

2. Die Petersilie waschen, trocken schütteln und die Blätter von den Stielen zupfen. Zu den Bohnen geben.

3. Mit Salz und Paprikapulver würzen.

4. Den Zitronensaft und 3 Esslöffel Olivenöl zugeben. Die Zitronenkerne hält man am einfachsten mit einem Sieb zurück.

5. Nun mit einem Stabmixer fein pürieren und in eine Schale füllen.

Mit etwas Paprikapulver bestreuen und mit Petersilie garnieren. Dazu in Streifen geschnittene Toastscheiben servieren.

Kochen mit Resten

* * * 10

- **Geht auch mit Feuer- oder Kidneybohnen. Diese kann man mit Kreuzkümmel und etwas Chiliöl abschmecken. Dazu sollte man aber Nachos servieren.**

3

4

5

2 EL Mayonnaise

1 kleine Dose Ölsardinen (120 g)

2 hart gekochte Eier

1 TL scharfer Senf

1

Sardinen-Ei-Aufstrich

Aus der Dose auf das Brot

1. Die Mayonnaise in eine Schale geben, die Sardinen mit einer Gabel aus dem Öl herausheben und dazugeben.

2. Die hart gekochten Eier auf einer Raspel fein reiben und ebenfalls zugeben.

3. Zum Schluss den Senf beigeben. Mit Salz und schwarzem Pfeffer würzen und mit einer Gabel gut vermischen.

Großzügig auf ein getoastetes Brot streichen, mit etwas scharfem Paprikapulver und grünen Chiliringen bestreuen. Dazu schmeckt ein frisch eingeschenktes Bier!

2

3

 10 Frühlingsrollenblätter

 200 g Fried Rice

 1 Eiweiß

 2 l Öl zum Frittieren

1

2

Fried-Rice-Frühlingsrollen

Frühlingsrolle mit Reis

1. Den Frühlingsrollenteig auftauen lassen und vorsichtig die einzelnen Blätter voneinander trennen. Jeweils immer nur zwei Blätter gleichzeitig bearbeiten, da diese schnell austrocknen und sich dann nicht mehr rollen lassen. In die Mitte 2 Esslöffel Reis geben.

2. Den äußeren Rand mit Eiweiß bestreichen.

3. Die linke Ecke über den Reis legen.

4. Die rechte Ecke über den Reis legen und noch einmal mit Eiweiß bestreichen. Danach das untere Ende über die Frühlingsrolle falten und zu einer Rolle formen. Auf diese Weise weitere Frühlingsrollen zubereiten.

5. Im heißen Pflanzenöl etwa 3 bis 5 Minuten goldgelb backen.

Auf Küchenpapier kurz abtropfen lassen und in einer Schale mit einer scharfen Sauce zum Dippen servieren.

Kochen mit Resten

*** 30

- **Anstatt gebratenem Reis kann man auch Reisfleisch, Paella oder Risotto nehmen.**

3

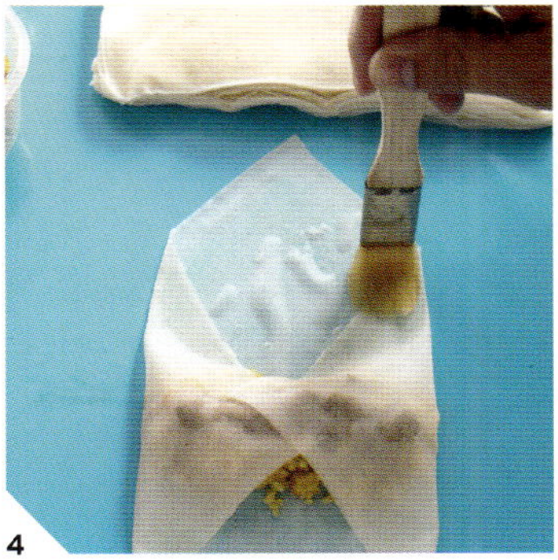
4

5

 200 g Gemüserisotto

 100 g gemischtes Hackfleisch

 60 g geriebener Käse

 2 Eier

 200 g Semmelbrösel

 2 l Öl zum Frittieren

1

2

Panierte Bällchen aus Reis und Käse

Reiskroketten

1. Risotto, Hackfleisch und Käse in eine Schüssel geben.

2. Die Eier trennen und das Eigelb in die Reismasse geben. Das Eiweiß zum Panieren in einer Schale aufbewahren. Nun die Krokettenmasse gut verrühren.

3. Mit den Händen kleine Kroketten formen.

4. Die Kroketten zuerst durch das Eiweiß ziehen und danach in den Semmelbröseln wälzen.

5. Die Kroketten in heißem Öl 3 bis 5 Minuten frittieren. Mit einem Schaumlöffel aus dem Öl nehmen und auf Küchenpapier zum Abtropfen geben.

Auf Tellern anrichten und mit Zitronenspalten und einer scharfen Sauce servieren.

Kochen mit Resten

35

- **Den Reis kann man durch Kartoffelpüree ersetzen. Geben Sie dann noch Ihre Lieblingszutaten und -kräuter in die Masse.**

4

5

- 1 gegarte Hühnerbrust
- 1 Tomate
- 4 Scheiben Toastbrot
- 4 EL Mayonnaise
- 2 Salatblätter
- 4 Essiggurken
- 4 EL Senf

1

Hühnerbrustsandwich mit Tomaten und Senf

Retro-Chicken

1. Die Hühnerbrust in dünne Scheiben schneiden. Die Tomate waschen und ebenfalls in Scheiben schneiden.

2. Das Toastbrot goldgelb toasten und mit Mayonnaise bestreichen.

3. 2 Scheiben Toastbrot zuerst mit je 1 Salatblatt und 2 Tomatenscheiben belegen, dann mit der aufgeschnittenen Hühnerbrust.

4. Die Essiggurken in Längsscheibe schneiden und die Toasts damit belegen. Reichlich feinen Senf über die Gurkenscheiben geben – die Sandwiches müssen pikant sein. Das Sandwich mit einer zweiten Toastscheibe belegen un diagonal halbieren.

Mit einem Zahnstocher in einer Serviette fixieren und mit kühlen Bier servieren.

Kochen mit Resten

10

- **Haben Sie noch Reste vom Gri hähnchen zu Hause? Dann das Fleisch von der Haut befreien und für Sandwiches verwenden**

2

3

4

1/2 Lauchstange

2 Pellkartoffeln

3 Eier

1 reife Tomate

1

2

Kartoffelrührei mit Tomaten

Good Morning, Sunshine

1. Die Lauchstange gut waschen und in feine Ringe schneiden. Die Kartoffeln vom Vortag pellen und in 2 cm große Würfel schneiden.

2. 3 Esslöffel Olivenöl in einer beschichteten Pfanne erhitzen, die Kartoffeln zugeben und etwa 2 Minuten lang hellgelb rösten. Salzen und pfeffern, dann die Lauchringe zufügen.

3. In der Zwischenzeit die Eier verquirlen. Die Tomate waschen, in Würfel schneiden und in die Eimasse einrühren.

4. Die Eier-Tomaten-Mischung über die Kartoffeln geben.

5. Nun die Eier in der Pfanne unter Rühren stocken lassen und auf Tellern anrichten.

Zum Schluss mit gutem Olivenöl beträufeln und groben Pfeffer darüberstreuen.

Kochen mit Resten

15

- **Keine Tomaten? Dann nehmen Sie Paprika, Zucchini, Auberginen oder rote Zwiebeln!**

3

4

5

500 g Kartoffelpüree

100 g tiefgekühlte Erbsen

2 Eier

300 g Semmelbrösel

2 l Öl zum Frittieren

1

2

Kartoffelkroketten mit Erbsen

Püree aus der Pfanne

1. Das Kartoffelpüree vom Vortag mit den Erbsen in eine Schale geben. Die Eier trennen, das Eigelb zugeben und das Eiweiß in einer Schale zum Panieren der Kroketten aufbewahren. Danach die Kartoffelmasse mit einem Löffel vermischen und kleine Kroketten formen.

2. Die Kroketten zuerst im Eiweiß und danach in den Semmelbröseln wenden. Diesen Vorgang noch einmal wiederholen, damit die Kroketten dick paniert sind.

3. In einem Topf das Öl erhitzen und die Kroketten hineingeben. In etw 3 Minuten goldgelb frittieren und auf Küchenpapier zum Abtropfen geben.

Danach auf Tellern anrichten und als kleinen Snack oder auch als Beilage zu gebratenem Fleisch oder Geflügel servieren.

Kochen mit Resten

25

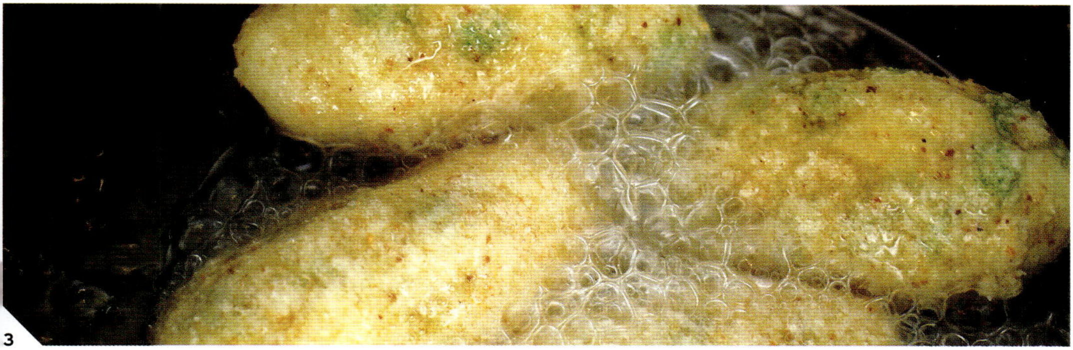
3

 5 Thunfisch-Sushi

 1 EL Sesamsamen

 1 Portion gekochter Spinat

 2 EL Sojasauce

1

2

Gebratenes Thunfisch-Sushi mit Sesamspinat

Sushi von gestern, Part II

1. Das Sushi auf einen Teller geben und die rohen Thunfischstücke vom Reis nehmen. Auf dem Reis sieht man den grünen japanischen Meerrettich, Wasabi genannt.

2. Den Reis mit dem Wasabi nach oben in eine beschichtete Pfanne geben. Dazu die Sesamsamen streuen und diese leicht rösten.

3. Nun den Spinat über die Sesamsamen geben und vermischen – dabei auf den Reis achten, damit dieser nicht auseinanderfällt.

4. Den Spinat in der Panne auf eine Seite schieben, den Reis wenden und die Thunfischscheiben in die Pfanne geben.

5. Den Spinat zum Schluss mit Sojasauce ablöschen. Auf einer kleinen Platte zuerst den Reis, darauf den Sesamspinat und zuletzt die gebratenen Thunfischscheiben geben.

So erhält man ein Minifischgericht, welches vorher Sushi war!

Kochen mit Resten

10

- **Für dieses Gericht eignet sich auch Sushi mit anderen Fischsorten wie Lachs, Makrele, Dorade, Seewolf oder auch Jakobsmuscheln.**

3

4

5

100 g Tempurateig

2 EL getrocknete Algen (Hijiki)

10 Teigtaschen (Gyoza)

2 l Öl zum Frittieren

1

2

Gefüllte Teigtaschen frittiert im Tempura-Seetang-Teig

Unterwasser-Küche

1. Den Tempurateig nach Packungsanleitung mit Wasser zubereiten.

2. Die in Wasser nach Packungsangabe eingeweichten Algen abtropfen lassen, zum Teig geben und verrühren.

3. Die Teigtaschen in den Teig geben und darin von allen Seiten mit Teig überziehen.

4. Im heißen Öl 3 bis 4 Minuten frittieren. Herausnehmen und auf Küchenpapier abtropfen lassen.

Die Teigtaschen mit etwas Sojasauce zum Dippen servieren.

Kochen mit Resten

*** 30

- **Sofort nach dem Frittieren auf Küchenpapier geben, damit das überschüssige Öl aufgesogen wird.**

3

4

2 Lauchzwiebeln

100 g grobe Bratwurst

100 g gebratene kleine grüne Paprika

2 Weißbrotscheiben

1

2

Minispieße mit kleinen grünen Paprika

Spanische Spieße

1. Die Lauchzwiebeln schälen, halbieren, in Stücke schneiden und den grünen Innenteil entfernen. Die Bratwurst ebenfalls in Stücke schneiden.

2. Die Zwiebelstücke mit den Bratwurststücken und den gebratenen grünen Paprika auf kleine Spieße stecken.

3. Die Paprikaspieße mit 2 Esslöffeln Olivenöl in eine Pfanne geben und von einer Seite etwa 3 Minuten goldbraun braten.

4. Danach die Spieße wenden und weitere 3 Minuten von der anderen Seite braten.

Die gebratenen Spieße in eine getoastete Weißbrotscheibe stecken und servieren. So kann das Bratenfett direkt in die Weißbrotscheibe tropfen – diese genießen oder weiter schlank bleiben!

Kochen mit Resten

20

3

4

2 bis 3 Brötchen, je nach Größe

6 Scheiben Salami

1 Tomate

1 große weiße Zwiebel

1 Lauchzwiebel

1

2

Brotsalat mit Zwiebeln und Tomaten

Alles kalt

1. Die Brötchen in Stücke zupfen, mit 3 Esslöffeln Weißweinessig und 5 Esslöffeln Olivenöl beträufeln und 10 Minuten stehen lassen, dabei öfter umrühren.

2. Salamischeiben und Tomate in Stücke schneiden.

3. Die Zwiebel schälen, halbieren und der Länge nach in Streifen schneiden.

4. Nun alle geschnittenen Zutaten zum marinierten Brot geben. Salzen und pfeffern.

5. Vorsichtig vermischen. In der Schüssel servieren und zum Schluss mit der fein geschnittenen Lauchzwiebel bestreuen.

Kochen mit Resten

*** 25

- **Sollte das Brot zu trocken sein, dann mit 2 bis 3 Esslöffeln Was
ser zusätzlich einweichen.**

3

4

5

2 Tomaten

1/2 rote Zwiebel

150 g gekochte Kichererbsen

2 EL Pistazienkerne

1/2 TL Zimt

1

2

Kichererbsensalat

Orientalischer Sommersalat

1. Den Strunk aus den Tomaten keilförmig heraustrennen, die Tomaten waschen und in kleine Würfel schneiden.

2. Die Zwiebel ebenfalls in kleine Würfel schneiden und zusammen mit den abgetropften Kichererbsen und Tomatenwürfeln in eine Schale geben.

3. Die Pistazienkerne grob mit einem großen Messer hacken.

4. Die gehackten Pistazienkerne sowie den Zimt zu den Kichererbsen geben. Mit Salz und schwarzem Pfeffer abschmecken.

5. 3 Esslöffel Olivenöl zugeben und vermischen. Gegebenenfalls nochmals abschmecken und in Portionsgläsern anrichten.

Dazu schmeckt hervorragend türkisches Sesambrot.

3

4

5

3 gekochte Kartoffeln

3 gekochte Karotten

1 Stück gekochte Sellerieknolle

2 EL Mayonnaise

einige Spritzer Worcestersauce

1

2

Kartoffelsalat mit Gemüse

Nach russischer Art

1. Kartoffeln, Karotten und Sellerieknolle in $1/2$ cm kleine Würfel schneiden.

2. Alles in eine Schale geben und die Mayonnaise dazugeben.

3. Mit schwarzem Pfeffer, 4 Esslöffeln Weißweinessig und Worcestersauce würzen.

4. Alle Zutaten vermischen und mit Salz abschmecken. Am besten noch 1 Stunde marinieren lassen, wenn es die Zeit und der Hunger zulassen.

Dann auf Tellern anrichten und mit Tomatenecken und gekochten Eihälften dekorieren.

Kochen mit Resten

15

- **Anstelle von Karotten und Selle-rie kann man Wurzelgemüse aus Suppen oder gekochtem Fleisch verwenden – es schmeckt beson-ders gut, da es in kräftiger Brüh gekocht wurde.**

3

4

100 g Tofu

2 hart gekochte Eier

3 EL Mayonnaise

1 TL scharfer Senf

1

2

Eier mit Tofu-Mayonnaise gefüllt

Tofu für Feinschmecker

1. Den Tofu fein reiben und in eine Schüssel geben.

2. Die Eier halbieren, das Eigelb mit einem Löffel herausnehmen und zum Tofu geben. Die Eiweißhälften vorsichtig auswaschen und auf Küchenpapier abtropfen lassen.

3. Zur Tofu-Eigelb-Mischung Mayonnaise, Senf sowie Salz und Pfeffer geben.

4. Nun alles zusammen mit einer Gabel zerdrücken und zu einer homogenen Masse verrühren.

5. Die Eierhälften mit der Masse füllen.

Zum Servieren die Eier in eine Schale mit einem Bett aus fein geschnittenem Salat geben und mit Kapern und einigen kleinen Stücken fein geschnittener Tomatenscheiben garnieren.

Kochen mit Resten

20

3

4

5

1 Lauchstange

1 rote Paprika

1 kleine Dose Maiskörner (160 g)

300 g gekochter Langkornreis

5 Basilikumzweige

1

2

Reissalat

Risimaisi

1. Den grünen Teil der Lauchstange in dünne Ringe schneiden.
2. Die Paprika waschen, entkernen, vierteln und in Streifen, dann in 1 cm große Würfel schneiden.
3. Die Paprikawürfel zusammen mit den Lauchringen und den Maiskörnern zum Reis geben. Die Basilikumblätter in Streifen schneiden und in die Schüssel geben.
4. Dann mit 3 Esslöffeln Weißweinessig, 3 Esslöffeln Olivenöl, Salz und schwarzem Pfeffer würzen.
5. Nun gut umrühren. Den Reissalat in eine Schüssel geben oder auf Teller verteilen und servieren.

Im Sommer ist das der perfekte Partysalat.

Kochen mit Resten

*** 25

- **Haben Sie noch Reste von Schin ken, geräucherter Putenbrust, e Stück vom gekochten Suppenfleisch oder sogar ein Steak übr Einfach in Stücke schneiden und unter den Salat mischen.**

3

4

5

 1/2 kleine Salatgurke

 2 Lauchzwiebeln

 250 g gegartes Couscous

 100 g Joghurt (am besten griechischer)

 Saft von 1/2 Zitrone

1

2

Couscoussalat mit Joghurt

In the Summertime

1. Die Salatgurke grob schälen, sodass noch etwas Schale an der Gurke bleibt. Dann in 1 cm große Würfel schneiden.

2. Die Lauchzwiebeln in Ringe schneiden und mit Couscous und Gurkenwürfel in eine Schale geben.

3. Den Joghurt ebenfalls dazugeben und mit Salz sowie schwarzem Pfeffer würzen.

4. Die Kerne aus der halbierten Zitrone entfernen und den Saft über dem Salat auspressen.

5. Zum Schluss noch 2 Esslöffel gutes Olivenöl zum Couscoussalat geben und alles zusammen vorsichtig vermischen.

Auf Tellern anrichten und mit Zitronenscheiben und frischer Minze garnieren.

Kochen mit Resten

*** 20

3

4

5

3 Lauchzwiebeln

400 g Pellkartoffeln

2 EL Mayonnaise

1 EL Pesto

1

Kartoffelsalat mit Pesto

Nur gerührt – nicht püriert

1. Die Lauchzwiebeln waschen, die grünen Enden sowie die Wurzeln abschneiden und den weißen Teil in dünne Ringe schneiden.

2. Die gekochten Kartoffeln vom Vortag pellen und mit einem Messer aus der Hand direkt in eine Schale mit den Lauchzwiebelringen schneiden.

3. Nun salzen und pfeffern. Die Mayonnaise und das Pesto dazugeben.

4. Mit zwei großen Löffeln vorsichtig vermischen und auf Teller verteilen.

Mit einigen Salatblättern garnieren und, falls man es noch italienischer mag, zusätzlich mit etwas Pesto beträufeln.

2

3

4

1 daumengroßes Stück Ingwer

200 g Blumenkohlröschen

1/2 Dose geschälte Tomaten (150 g)

300 g Linsen aus dem Glas

3/4 l Gemüsebrühe

1

2

Linsengemüse, eine schnelle Suppe

Erst gerührt – dann püriert

1. Den Ingwer schälen und fein reiben.

2. Die Blumenkohlröschen in Scheiben schneiden und in 2 Esslöffeln Butter zusammen mit dem geriebenen Ingwer anschwitzen. Salzen und pfeffern und die Tomaten zugeben.

3. Die Linsen zugeben und gut verrühren.

4. Mit Brühe aufgießen und 10 Minuten bei gelegentlichem Umrühren köcheln.

5. Die Suppe mit einem Stabmixer fein pürieren und nochmals abschmecken.

In Tellern anrichten und mit einem Klecks saurer Sahne oder Crème fraîche garnieren.

Kochen mit Resten

30

■ **Gießen Sie die Brühe zuerst in das Linsenglas. Deckel drauf un schütteln – so kommt noch die letzte Linse in die Suppe, und e bleibt nichts im Glas.**

3

4

5

3 Knoblauchzehen

100 g sehr reife Tomaten oder Kirschtomaten

3/4 l Wasser oder Gemüsebrühe

1

2

Knoblauchsuppe mit Tomaten

Knoblauchsuppe, auch für Arme

1. Die Knoblauchzehen schälen, in dünne Scheiben schneiden und mit einem großen Messer zusammen mit 1/2 Teelöffel Salz fein zerreiben.

2. Den Strunk der Tomaten entfernen, die Tomaten waschen und vierteln.

3. 2 Esslöffel Butter in einem Topf zerlassen und den Knoblauch sowie die Tomatenstücke zugeben.

4. Die Tomaten und den Knoblauch so lange anschwitzen, bis sie weich werden. Dabei mit schwarzem Pfeffer würzen.

5. Nun mit Wasser oder Brühe aufgießen und 5 Minuten köcheln lassen. Danach in heißen Suppentellern anrichten.

Dazu geröstetes Landbrot oder auch Brotcroûtons reichen – fertig ist eine einfache, aber sehr schmackhafte Suppe!

Kochen mit Resten

*** 25

3

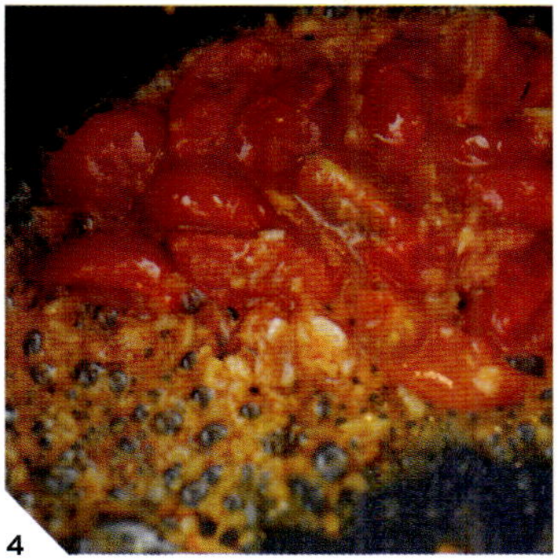
4

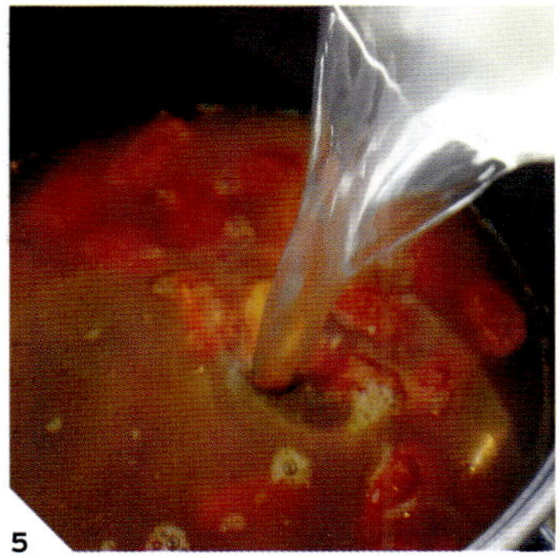
5

1/2 l Tomatensaft

1 rote Zwiebel

1 Thymianzweig

1 Zitronenschale

1

2

Schnelle Tomatensuppe

Tomatensaft löffelfertig

1. Den Tomatensaft in den Mixer gießen.

2. Salz, schwarzen Pfeffer und 3 Esslöffel gutes Olivenöl zugeben.

3. Die Zwiebel schälen und eine Hälfte würfeln, die andere in Ringe schneiden. Die Blätter vom Thymian abzupfen und mit den Zwiebelwürfeln zum Tomatensaft geben.

4. Die Zitronenschale in feine Streifen schneiden und ebenfalls zum Tomatensaft geben. Mit dem Deckel gut verschließen und auf mittlerer Stufe fein pürieren.

5. Die Tomatensuppe in einen Topf gießen und zum Kochen bringen. Eventuell nochmals mit Salz und Pfeffer nachschmecken und auf Teller verteilen.

Einige sehr fein geschnittene Zwiebelringe über die Suppe geben und servieren.

Kochen mit Resten

*** 20

3

4

5

1 gekochte oder gebratene Hühnerbrust

1/2 rote Paprika

1 Limette

600 ml Kokosmilch

1 TL süßsaure Suppenpaste

1

2

Kokosmilchsuppe mit Huhn

Wer hat die Kokosnuss geklaut?

1. Die Hühnerbrust in Streifen schneiden, die Paprika vierteln, entkernen und ebenfalls in Streifen schneiden. Die Limette in Stücke schneiden.

2. Die Kokosmilch in einen Topf gießen und langsam zum Kochen bringen.

3. Als Erstes die Limettenstücke zugeben.

4. Paprikastreifen und Hühnerbruststreifen zugeben und aufkochen lassen.

5. Nun die Suppenpaste zugeben un verrühren. Etwa 3 Minuten leise köcheln lassen, bis die Paprikastreifen gar sind.

Dann in Suppenschalen anrichten und servieren. Hat man noch einige Korianderblätter zur Hand, dann einfach zur Suppe geben.

Kochen mit Resten

*** 25

- **Einen Teil getrocknete Kokosflocken und zwei Teile Wasser aufkochen und dann durch ein T drücken. So erhält man eine wu derbare hausgemachte Kokosm**

3

4

5

$^3/_4$ l Milch

4 bis 6 gekochte Kartoffeln

1 Prise Muskatnuss

1 TL getrockneter Majoran

1

2

3

Suppe aus Pellkartoffeln

Express-Suppe aus dem Mixer

1. Die Milch in einen Küchenmixer geben.

2. Nun die gekochten Kartoffeln zugeben …

3. … je nach Größe noch eine mehr!

4. Muskatnuss, Salz, schwarzen Pfeffer und getrockneten Majoran beifügen. Den Mixer mit dem Deckel verschließen.

5. Auf hoher Stufe mixen, bis die Kartoffeln fein püriert sind und die Suppe eine schöne cremige Konsistenz hat.

6. Danach in einen Topf geben und nur noch erhitzen. Möglicherweise noch mal mit etwas Salz abschmecken und servieren.

Frisch geröstete Brotwürfel über die Suppe streuen.

Kochen mit Resten

4
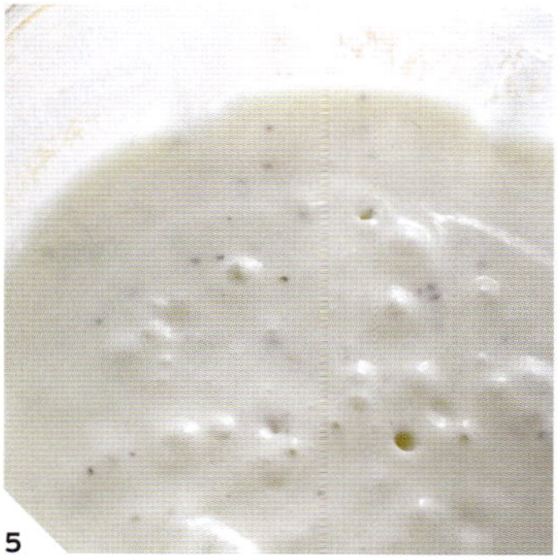
5

6

1 l Rinderbrühe

1 Prise Muskatnuss

2 Scheiben altbackenes Brot

2 Eier

1

2

Rindersuppe mit Ei

Nicht geschäumt!

1. Die Rinderbrühe mit den Fettaugen in einen Topf geben und zum Kochen bringen (siehe Tipp).

2. Mit etwas frisch geriebener Muskatnuss aufpeppen.

3. Das altbackene Brot in Würfel schneiden und in einer Pfanne in 2 Esslöffeln Öl knusprig braten.

4. Nun die Eier verquirlen.

5. In die Suppe laufen lassen und noch einmal zum Kochen bringen. So entstehen die Eierflocken.

In Teller füllen und mit Brotwürfeln servieren.

Kochen mit Resten

*** 15**

■ **So kann man sicherstellen, dass die Suppe noch in Ordnung ist: Beginnt sie zu schäumen, ist sie leider nicht mehr zu retten. Üb cherweise hält sich Rinderbrühe etwa 5 Tage im Kühlschrank.**

3

4

5

 100 g weiche Butter

 3 Eigelb

 1 Prise Muskatnuss

 100 g Blattspinat (tiefgekühlt oder auch vom Vortag)

 130 g Semmelbrösel

 10 Salbeiblätter

1

2

Brot-Spinatnocken

Brotkrümel

1. Die Butter in einer Schüssel schaumig rühren und das Eigelb nach und nach unterrühren. Mit Salz, gemahlenem schwarzem Pfeffer und Muskatnuss abschmecken.

2. Danach den Blattspinat grob hacken und zusammen mit den Semmelbröseln unter die Buttermasse mischen.

3. Die Nockenmasse etwa 10 Minuten ruhen lassen und dann mit zwei Esslöffeln kleine Nocken abstechen.

4. Die Nocken auf einem Teller für 20 Minuten in den Kühlschrank geben und gut durchkühlen lassen – dann zerfallen sie nicht so leicht

5. Salzwasser im Topf zum Kochen bringen und die kalten Nocken hineingeben. Einmal aufkochen und zugedeckt etwa 20 Minuten ziehen lassen. In der Zwischenzeit 3 Esslöffel Butter in einer Pfanne aufschäumen und die grob geschnittenen Salbeiblätter darin kross anbraten.

Die Nocken auf Tellern anrichten und mit Salbeibutter begießen.

*** 60

- **So kross müssen die Salbeiblätt sein, erst dann nimmt die Butte den Geschmack an. Anstelle vo Salbei kann man auch Rosmarin verwenden.**

3

4

5

1 EL feiner Senf

1 weiße Zwiebel

3 gekochte Semmelknödel

1 Bund Schnittlauch

1

2

Semmelknödelsalat

Deftig frisch

1. In eine Schüssel den feinen Senf, je 1 Prise Salz, grob gemahlenen schwarzen Pfeffer sowie Zucker geben.

2. Nun 3 Esslöffel Rotweinessig zugießen und verrühren.

3. 5 Esslöffel Pflanzenöl in die Marinade rühren, bis sie glatt ist.

4. Die Zwiebel schälen und in kleine Würfel schneiden. Die Semmelknödel in etwa 1/2 cm dicke Scheiben schneiden und zusammen mit der Zwiebel zur Marinade geben.

5. Nun vorsichtig vermischen und die Semmelknödelscheiben marinieren.

Zum Schluss den in grobe Stücke geschnittenen Schnittlauch darübergeben und servieren.

Kochen mit Resten

15

3

4

5

1/2 Aubergine

1 Zucchini

1 grüne Paprika

2 Zwiebeln

1/2 Dose geschälte Tomaten (150 g)

1

2

Geschmortes Gemüse

Von A(ubergine) bis Z(wiebel)

1. Die Aubergine in grobe Stifte schneiden, danach in Würfel.

2. Zucchini und Paprika waschen, putzen und ebenfalls in Würfel schneiden. Die Zwiebeln schälen und klein schneiden.

3. In einem breiten Topf 4 Esslöffel Olivenöl erhitzen und Zwiebel- und Auberginenwürfel darin anschwitzen.

4. Nach etwa 5 Minuten Zucchini und Paprika zugeben. Mit Salz und schwarzem Pfeffer würzen und weitere 5 Minuten anschwitzen.

5. Die gut zerdrückten Dosentomaten dazugeben und verrühren. Etwa 20 Minuten schmoren, dabei öfter umrühren. Das Schmorgemüse ist fertig, wenn die Flüssigkeit der Tomaten fast völlig verkocht ist!

Mit frischen Basilikumblättern garnieren.

*** 40

3

4

5

500 g Pellkartoffeln

1 rote Zwiebel

1

2

Röstkartoffeln mit roten Zwiebeln

Für Küchenamateure

1. Die Pellkartoffeln schälen. In einer beschichteten Pfanne 3 Esslöffel Pflanzenöl erhitzen und die Kartoffeln direkt aus der Hand in die Pfanne in Scheiben schneiden.

2. Mit Salz und schwarzem Pfeffer gut würzen.

3. Etwa 10 Minuten sanft rösten und öfter schwenken oder umrühren – je nach Begabung!

4. Die Zwiebel schälen und mit einer Reibe direkt über die Kartoffeln reiben.

5. Danach noch 5 Minuten sanft weiterrösten und dann auf Tellern anrichten.

Dazu entweder gekochten Schinken, Matjesfilets, Leberkäse, Fleischbuletten oder Spiegelei mit Rahmspinat reichen.

20

3

4

5

400 g Kartoffelpüree

50 g Sauerrahm

2 EL Schnittlauchröllchen

3 Eier

100 g Blattspinat

1

2

Kartoffelpfannkuchen

Wie bei Mama

1. Das kalte Kartoffelpüree vom Vortag mit Sauerrahm und Schnittlauchröllchen in eine Schüssel geben.

2. Mit einem Holzlöffel gut vermischen, damit keine Klümpchen übrig bleiben.

3. 1 Ei hinzugeben und noch einmal gut vermischen.

4. In einer beschichteten Pfanne mit 1 Esslöffel Pflanzenöl zwei Kartoffelpfannkuchen backen – vorsichtig wenden.

2 Eier in die Pfanne schlagen und in etwas Butter zu Spiegeleiern ausbacken. Die Pfannkuchen mit etwas in Butter geschwenktem Blattspinat und je 1 Spiegelei servieren.

30

■ **Sollten die Kartoffelpfannkuchen beim Wenden kaputt gehen, dann eben als Kartoffelschmarrn servieren.**

3

4

1 Zwiebel

300 g gekochte Nudeln (Penne oder Bandnudeln)

100 g geräucherter Speck oder gekochter Schinken

1 Prise Muskatnuss

2 Eier

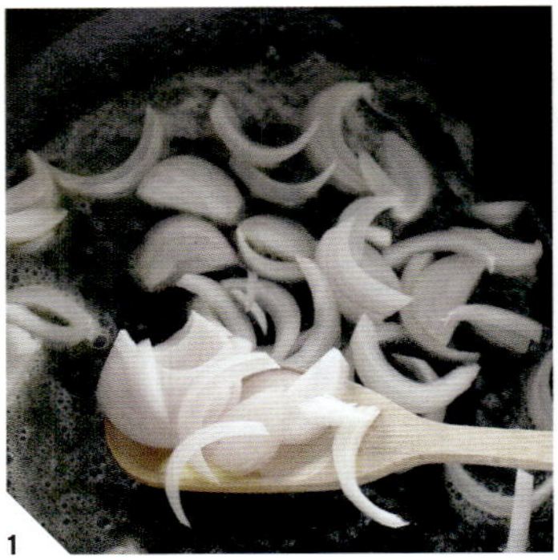
1

2

Schinkennudeln

Der Klassiker

1. Die Zwiebel schälen und in Streifen schneiden. 2 Esslöffel Butter in einer Pfanne aufschäumen lassen und die Zwiebel darin glasig anschwitzen.

2. Die Nudeln in die Pfanne geben und noch weitere 3 Minuten anbraten.

3. Den Speck in dünne Streifen schneiden und dazugeben. Mit Salz und schwarzem Pfeffer würzen. Wer es mag, streut noch etwas geriebene Muskatnuss darüber.

4. Die Eier in einem tiefen Teller verschlagen und mit Salz und schwarzem Pfeffer würzen.

5. Die Eier zu den Nudeln gießen und unter ständigem Rühren stocken lassen.

Auf Tellern anrichten.

3

4

5

 1 1/2 TL Ingwerpulver

 1 1/2 TL Currypulver

 500 g gekochte Nudeln

 100 ml Ketchup

 100 g geriebener Käse

 1 EL gehackte Petersilie

1

2

Currynudeln mit Ketchup

Einfacher geht's nicht

1. Das Ingwer- und Currypulver in einer Pfanne in 1 Esslöffel Butter anschwitzen.

2. Die gekochten Nudeln zugeben und umrühren.

3. Den Tomatenketchup aus der Flasche über die Nudeln geben.

4. Den geriebenen Käse und die gehackte Petersilie darüberstreuen.

5. So lange umrühren, bis der Käse geschmolzen ist. Mit Salz und Pfeffer abschmecken.

10

- **Besonders beliebt als „Hangover"-Gericht mit einem kräftigen Schuss Tabasco. Deshalb immer gekochte Pasta im Kühlschrank haben!**

3

4

5

1 rote Zwiebel

400 g gemischtes Hackfleisch

1 Dose Chilisauce (150 g)

1 Dose Bohnen in Tomatensauce (380 g)

1 kleine Dose Maiskörner (160 g)

1

2

Chili con Carne

Chili con Carne für Anfänger

1. Die Zwiebel in Würfel schneiden. 3 Esslöffel Öl im Topf erhitzen und die Zwiebel darin anschwitzen. Das Hackfleisch zugeben und krümelig braten.

2. Die Chilisauce zum Hackfleisch geben – nehmen Sie ruhig die scharfe Chilisauce, die gibt die richtige Würze.

3. Nun das Hackfleisch mit 1 Tasse Wasser auffüllen und 30 Minuten köcheln lassen.

4. Die Bohnen in Tomatensauce und die Maiskörner dazugeben. Noch einmal aufkochen lassen.

In tiefen Tellern anrichten. Zum Schluss noch mit 1 Klecks Sauerrahm garnieren und mit 1 Schuss Tabasco aufpeppen!

Nicht vergessen, Brot dazu zu servieren – falls das Chili con Carne doch zu pikant sein sollte!

Kochen mit Resten

*** 45

3

4

1 Pizzaboden (fertig ausgerollt)

250 g Chili con Carne

10 Kirschtomaten

3 EL geriebener Käse

1

Chili-con-Carne-Pizza

Chili con Carne für Fortgeschritten

1. Den Pizzaboden auf ein mit Backpapier ausgelegtes Backblech geben und den Chili con Carne darauf verteilen. Darauf achten, dass ein Rand von 2 bis 3 cm frei bleibt.

2. Die Kirschtomaten halbieren und auf dem Chili con Carne verteilen.

3. Zum Schluss noch mit dem geriebenen Käse bestreuen und in den auf 220 °C vorgeheizten Backofen geben. Etwa 20 Minuten knusprig backen. Herausnehmen, vorschneiden und auf einer Platte oder einem Holzbrett servieren.

Kochen mit Resten

30

- **Auf diese Pizza kann man alles legen, was auch in ein Chili kommt – also noch einige Jalapeños, Chilibohnen oder rote Chilies.**

2

3

3 Kartoffeln

300 g Bolognesesauce

100 g Sauerrahm

100 g geriebener Käse

1 mittelgroße Aubergine

1

2

Kartoffelauflauf mit Sauerrahm und Auberginen

Achtung – Suchtgefahr!

1. Die Kartoffeln schälen und in $^1/_2$ cm dicke Scheiben schneiden. Eine Auflaufform mit 1 Esslöffel Olivenöl ausstreichen und mit einer Schicht Kartoffelscheiben auslegen. Darauf die Hälfte der Bolognesesauce verteilen.

2. Darauf wiederum die Hälfte des Sauerrahms sowie die Hälfte des geriebenen Käses als Schicht verteilen.

3. Die Aubergine in 1 cm dicke Scheiben schneiden und eine Schicht auflegen.

4. Danach die zweite Hälfte der Bolognesesauce sowie eine Schicht Kartoffelscheiben legen.

5. Zum Schluss den restlichen Sauerrahm darauf verteilen und mit Käse bestreuen. Etwas Olivenöl darüberträufeln. Mit Aluminiumfolie abdecken und in den auf 180 °C vorgeheizten Backofen geben. 1 Stunde im Ofen backen, 10 Minuten vor dem Ende der Backzeit die Aluminiumfolie entfernen, damit der Auflauf goldgelb wird. In der Form auf dem Tisch servieren.

Kochen mit Resten

85

- **Prüfen Sie durch Einstechen mit einem Holzspieß oder einer Gabe vor dem Servieren, ob die Kartoffelscheiben gar sind!**

3

4

5

250 g Rinderhackfleisch

1 Karotte

1 Zwiebel

3 EL Maiskörner

3 EL Sojasauce

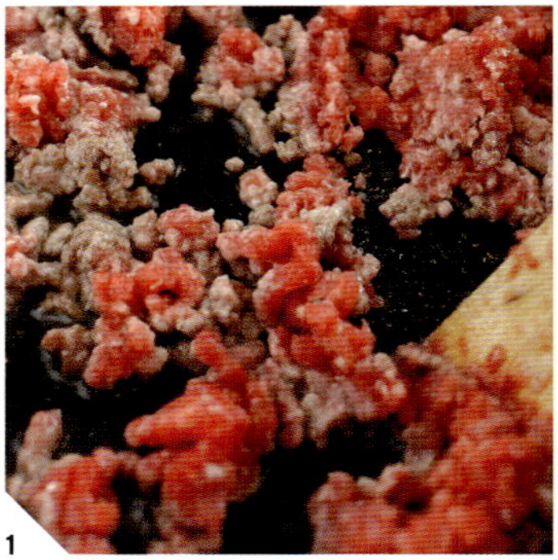
1

2

Hackfleischpfanne mit Sojasauce

Schneller geht's nicht

1. 2 Esslöffel Pflanzenöl in einer beschichteten Pfanne erhitzen und das Hackfleisch dazugeben. Mit einem Holzlöffel in der Pfanne verteilen und sanft braten.

2. Das Hackleisch in der Pfanne krümelig braten. Falls sich etwas Fleischsaft absetzen sollte, das Fleisch auf die Seite schieben. So kann der Fleischsaft in der Pfanne schneller verkochen, und das Fleisch bekommt durch das Rösten ein besseres Aroma.

3. Die Karotte und die Zwiebel schälen, in Streifen schneiden und zum Fleisch geben. Mit schwarzem Pfeffer würzen und 5 Minuten weiterrösten.

4. Die Maiskörner in die Pfanne geben und mit der Sojasauce ablöschen. Umrühren und vom Herd nehmen. Durch die Zugabe von Sojasauce braucht man kein Salz, und das Fleisch bekommt ein leicht asiatisches Aroma.

Auf Teller verteilen, dazu Kartoffelpüree servieren und mit Sellerieblättern bestreuen.

Kochen mit Resten

35

3

4

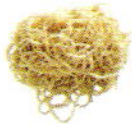

500 g gekochte Spaghetti in Tomatensauce

1

Nudelpizza

Gestern Spaghetti, heute Pizza

1. Die kalten Spaghetti in Tomatensauce (am besten scharfe Pasta) in eine beschichtete Pfanne mit 4 Esslöffeln Olivenöl geben. Sanft braten!

2. Mit einem Löffel die Spaghetti zu einer gleichmäßig runden Pizza formen. So lange braten, bis die Pasta von einer Seite schön knusprig ist.

3. Die Pizza wenden. Die andere Seite ist nach 10 Minuten ebenfalls knusprig.

Die Pizza auf eine Platte geben und vierteln.

Kochen mit Resten

*** 25

- **Dazu einen frischen grünen Sala servieren. Nudelpizza kann man mit Salami und Käse belegen un im Ofen kurz überbacken.**

2

3

3/4 l Tomatensaft

6 bis 8 Lasagneplatten (Trockenprodukt)

300 g Paella

100 g geriebener Käse

1

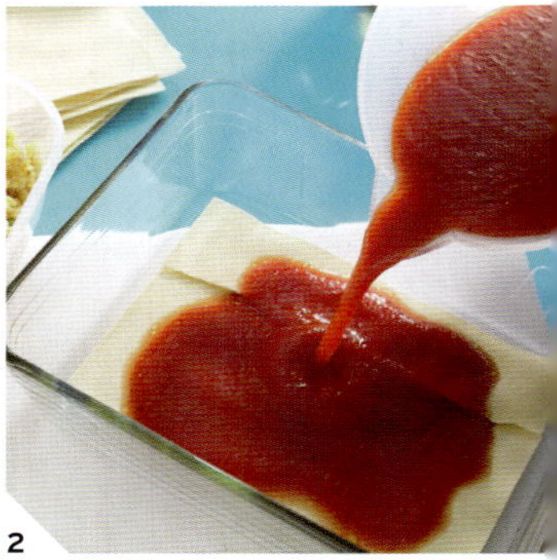

2

Paellalasagne

Heute Paella, morgen Lasagne

1. Den Tomatensaft mit Salz, schwarzem Pfeffer sowie 3 Esslöffeln Olivenöl gut abschmecken.

2. In eine kleine Auflaufform zuerst etwas Tomatensaft gießen, sodass der Boden dünn bedeckt ist. Darauf eine Schicht Lasagneblätter geben und wieder mit Tomatensaft begießen.

3. Nun eine Schicht Paella vom Vortag darauf verteilen.

4. Die Paellaschicht mit etwas geriebenem Käse bestreuen.

5. Darauf wieder eine Schicht Lasagneblätter geben und mit Tomatensaft begießen. Mit Paella und Käse bedecken und mit einer Schicht Lasagneblätter und geriebenem Käse abschließen.
Danach für 50 Minuten in den auf 170 °C vorgeheizten Backofen geben. Vorher mit Alufolie abdecken und 10 Minuten vor Ende der Garzeit die Folie entfernen, damit der Käse eine goldgelbe Farbe bekommt.

In der Auflaufform servieren.

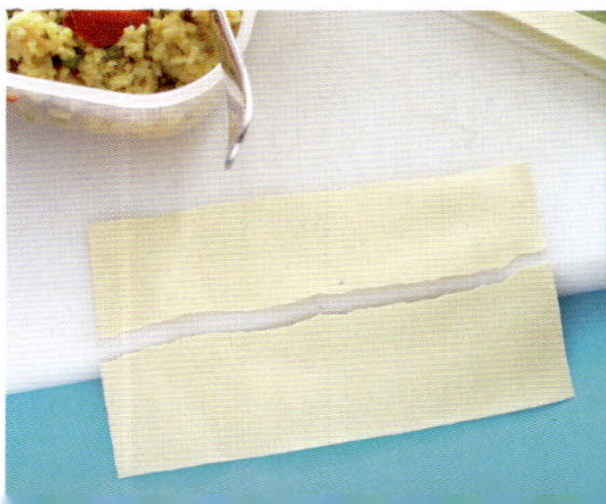

- **Sollten die Lasagneplatten nicht in die Auflaufform passen, kann man sie über der Kante eines Schneidebretts auf die gewünschte Größe brechen.**

4

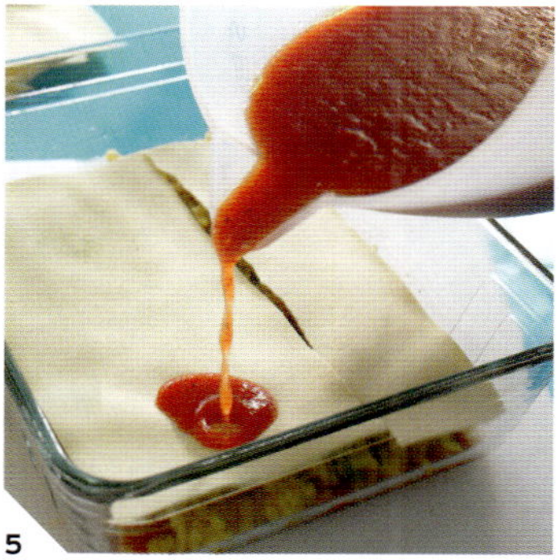

5

 2 große Zwiebeln

 200 g gebratenes Rindfleisch

 200 g tiefgekühlte Erbsen

 1 TL Paprikapulver

 300 g gekochter Reis

1

2

Reisfleisch mit Erbsen

Reis in a second

1. Die Zwiebeln schälen, würfeln und in einer Pfanne in 1 Esslöffel Butter anschwitzen.

2. Das Fleisch in Streifen schneiden und zu den Zwiebeln geben.

3. Die Erbsen aus der Packung direkt in die Pfanne geben und mit Paprikapulver würzen.

4. Nun so lange anschwitzen, bis die Erbsen gar sind, und mit Salz und Pfeffer abschmecken.

5. Den gekochten Reis zugeben und etwas Wasser angießen. Das aufkochende Wasser erhitzt den Rei in Sekunden.

In Tellern oder Schalen anrichten und mit etwas scharfem Paprikapulver bestreuen.

- **Statt der tiefgekühlten Erbsen man auch eine Dose Karotten-E sen-Gemüse verwenden. Allerd schmeckt tiefgekühltes Gemüs besser als Dosengemüse – Sau kraut und Rotkohl ausgenomm**

3

4

5

150 g gegarter Langkornreis

200 g Hackfleisch

1 Zwiebel

1 Ei

1 EL Paprikapulver edelsüß

2 EL Senf

1

2

Reis-Frikadelle

Langkorn-Bulette

1. Reis und Hackfleisch in eine Schüssel geben. Die Zwiebel würfeln und dazugeben. Darüber das Ei aufschlagen. Mit edelsüßem Paprikapulver abschmecken. Salzen, pfeffern und Senf beigeben.

2. Gut vermischen.

3. Nun mit den Händen etwa 10 cm lange Würste formen.

4. Dann in einer beschichteten Pfanne die Hackfleischwürste in 2 Esslöffeln Öl 5 Minuten von allen Seiten braten. Dabei vorsichtig wenden.

Auf Teller geben und mit Zwiebelwürfeln, scharfem Senf und Essiggurken dekorieren. Dazu Brot oder Brötchen reichen.

Kochen mit Resten

30

- **Zwischendurch die Hände in lauwarmes Wasser tauchen, so klebt das Hackfleisch beim Formen der Röllchen nicht an den Händen.**

3

4

100 g Räucherlachs

5 Basilikumblätter

4 Eier

1 Prise Muskatnuss

1

2

Souffliertes Lachsomelette

Leckerlachs

1. Den Lachs in Streifen scheiden. Die Basilikumblätter fein schneiden und zusammen mit den Lachsstreifen beiseitestellen.

2. Die Eier in eine Schüssel geben und mit Muskat würzen.

3. Die Eier mit einem Schneebesen schaumig schlagen. Die Lachs- und Basilikumstreifen untermischen. Vorsichtig salzen, da der Räucherlachs bereits recht kräftig schmeckt.

4. In einer ofenfesten beschichteten Pfanne 2 Esslöffel Butter erhitzen und die Eimasse hinzugeben.

5. Im vorgeheizten Ofen bei 220 °C etwa 10 Minuten goldgelb backen und sofort servieren.

Kochen mit Resten

25

- **Die braunen Stellen vom Räucherlachs abschneiden.**

3

4

5

2 reife Tomaten

1 Zwiebel

250 g gekochte Nudeln

100 g kleine schwarze Oliven

100 g Kapernäpfel

1

2

Italienischer Nudelsalat

Pasta italiana einmal anders

1. Die Tomaten waschen, die Strünke entfernen und die Tomaten würfeln. Die Zwiebel schälen und grob würfeln.
2. Die geschnittenen Tomaten und die Zwiebel zu den Nudeln in eine Schüssel geben.
3. Die Oliven dazugeben.
4. Die Kapernäpfel mit etwas Flüssigkeit über die Nudeln geben. Mit 3 Esslöffeln Olivenöl anmachen und mit Salz und schwarzem Pfeffer abschmecken.

Den Salat anrichten, mit Kräutern garnieren und mit grobem schwarzem Pfeffer bestreuen.

- **Statt Essig kann man auch das saure Wasser der Kapernäpfel aus dem Glas verwenden.**

3

4

100 g Butter

2 Eier

2 EL Mehl

300 g gekochter Milchreis

100 g Erdbeeren

1

2

Milchreisauflauf mit Erdbeeren

Milchreis de luxe

1. 1 Teelöffel Butter zum Ausstreichen der Auflaufform zurückbehalten. Die restliche Butter mit einem Schneebesen mit 3 Esslöffeln Zucker schaumig schlagen.

2. Die Eier nach und nach zugeben und weiterrühren. Die Eier müssen die gleiche Temperatur haben wie die Butter, sonst wird die Masse nicht homogen. Nun das Mehl zugeben.

3. Mit dem Schneebesen kräftig durchrühren, damit auch noch die restlichen Klümpchen verrührt werden.

4. Den kalten Milchreis nach und nach zugeben und verrühren.

5. In der Zwischenzeit die Auflaufform buttern und mit Zucker ausstreuen. Die Masse einfüllen und die Erdbeeren hineinsetzen. Im auf 200 °C vorgeheizten Backofen etwa 35 Minuten goldgelb backen.

Danach herausnehmen, mit Puderzucker bestreuen und sofort servieren.

- **Anstelle der Erdbeeren kann man ebensogut Aprikosen, Heidelbeeren oder Himbeeren für diesen Auflauf nehmen.**

3

4

5

1/2 l Milch

100 g Schokolade

1

2

Schokoladencreme aus dem Siphon

Mousse au Chocolat light

1. Die Milch mit der Schokolade (weiße, Vollmilch, Zartbitter – je nach Geschmack) in einem kleinen Topf langsam zum Kochen bringen und die Schokolade in der Milch schmelzen lassen.

2. Die aufgekochte Schokoladenmilch mit etwa 3 Esslöffeln Zucker abschmecken, vom Herd nehmen und auf Zimmertemperatur abkühlen lassen.

3. Die Masse in einen Sahnesiphon füllen und diesen verschließen. Für 1 Stunde in den Kühlschrank stellen.

4. Die Patronen auf den Siphon stecken, die durchgekühlte Creme in Gläser spritzen und servieren.

Das ist eine einfache und vor allem leichte Variante der Schokoladenmousse, da sie keine Sahne enthält.

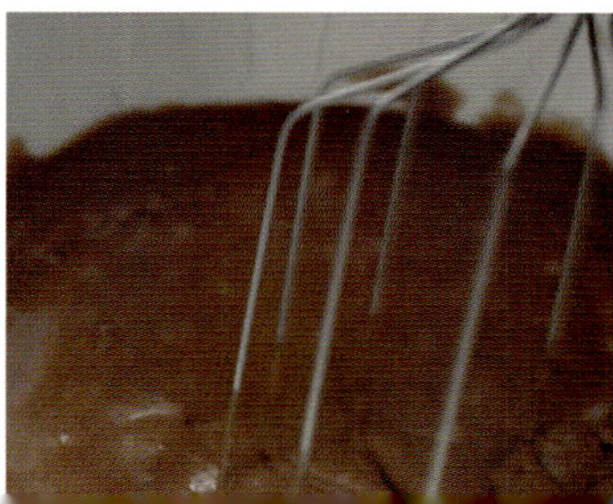

- **Falls Sie keinen Siphon zu Hause haben sollten, schlagen Sie die gut durchgekühlte Schokoladenmasse mit einem Handrührgerät schaumig auf.**

3

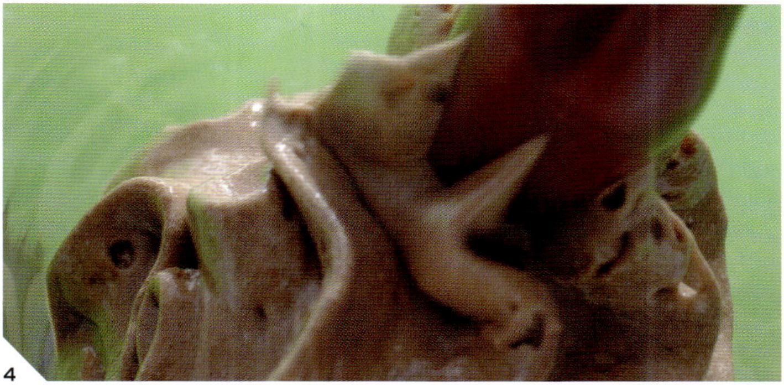

4

3 Äpfel

500 g trockenes Weißbrot

2 Eier

200 ml Milch

50 g Mandelblättchen

1 TL Zimt

1

2

Brotpudding mit Äpfeln und Zimt

Riecht wie Weihnachten

1. Eine flache Auflaufform mit Butter ausstreichen und mit 2 Esslöffeln Zucker ausstreuen.

2. Die Äpfel schälen, vierteln, entkernen und der Länge nach in dünne Scheiben schneiden. Den Rand des Weißbrots abschneiden und die Scheiben diagonal halbieren.

3. Die halbierten Brotscheiben abwechselnd mit den Apfelscheiben in die Form legen. Die Eier mit der Milch und 3 Esslöffeln Zucker verquirlen und gleichmäßig über die Weißbrot- und Apfelscheiben gießen.

4. Mit Mandelblättchen und 1 Esslöffel Zucker bestreuen. Zum Schluss je nach Geschmack etwas gemahlenen Zimt darüberpudern.

5. In den auf 180 °C vorgeheizten Backofen geben und 30 Minuten backen.

Mit Puderzucker bestreuen und servieren. Dazu passt sehr gut Vanillesauce oder mit Vanille geschlagene Sahne.

- **Die Weißbrotrinde beiseite legen und trocknen. Später fein reiben und als Paniermehl verwenden.**

3

4

5

 6 altbackene Weißbrotscheiben

 300 ml Milch

 3 Eier

1

2

Armer Ritter mit Zimtzucker

Auch für reiche Ritter

1. Die schon etwas harten Weißbrotscheiben diagonal halbieren, mit der kalten Milch begießen und einweichen. Dabei die Weißbrotscheiben wenden.

2. Die Eier mit 1 Prise Salz verquirlen und die gut eingeweichten Weißbrotscheiben darin wenden.

3. Die Scheiben in eine Pfanne mit 2 Esslöffeln schäumender Butter geben.

4. Die armen Ritter von beiden Seiten goldbraun braten.

Aus der Pfanne auf ein Küchenpapier zum Abtropfen geben und auf Tellern anrichten. Zum Schluss mit Zimtzucker bestreuen.

- **Für den Zimtzucker 2 Teile Kristallzucker mit 1 Teil gemahlenem Zimt vermischen.**

3

4

 5 Eier

 150 g Joghurt

 1 Joghurtbecher voll Mehl

 1/2 TL Backpulver

 1 Joghurtbecher voll Kakaopulver

1

2

Saftiger Schokoladen-Joghurt-Kuchen

Becherkuchen

1. Die Eier trennen und das Eigelb in eine Schüssel geben, den Joghurt zufügen. Das Eiweiß im Kühlschrank beiseitestellen.

2. Den Joghurtbecher ausspülen. Dieser dient nun als Maßeinheit für die weiteren Zutaten. 1 Becher Zucker zugeben und alles mit einem Schneebesen verrühren.

3. Nun das Mehl mit dem Backpulver vermischen, das Kakaopulver und 1 Becher voll Pflanzenöl zugeben und glatt rühren.

4. Das Eiweiß mit 1 Prise Salz steif schlagen, zum Teig geben und vorsichtig unterheben.

5. Den Teig in eine Backform (Ø 26 cm) gießen und im vorgeheizten Backofen bei 180 °C etwa 50 Minuten backen.

Machen Sie den Test mit einem Holzspieß: in den Kuchen stechen, rausziehen, und wenn kein Teig am Spieß klebt, ist der Kuchen fertig!

Dieser Kuchen reicht für 4 Personen.

- **Sicherlich gibt es in irgendeiner Ecke oder Schublade noch ein Stück Schokolade – dieses fein reiben und damit den Kuchen bestreuen.**

3

4

5

150 g Mehl

300 ml Milch

2 EL Quark

2 Eier

1 Banane

1

2

Quarkschmarrn

Kaisers Bananenschmarrn

1. Das Mehl in eine Rührschüssel geben und nach und nach mit der Milch zu einem glatten Teig rühren. Den Quark zugeben, 3 Esslöffel Zucker einstreuen und verrühren. Die Eier erst jetzt hineinschlagen, so bleibt der Teig lockerer.

2. Die Banane schälen und in dünne Scheiben schneiden. Vorsichtig in den Teig rühren.

3. 1 Esslöffel Öl in einer beschichteten Pfanne erhitzen und den Teig hineingeben. Bei sanfter Hitze goldgelb braten.

4. Den Teig mit einem Holzspachtel vierteln und dann wenden.

5. So lange braten, bis der Teig auch von der anderen Seite goldgelb ist. Dann mit zwei Holzlöffeln zerpflücken und mit 1 Esslöffel Zucker bestreuen. Noch etwas weiterbraten, bis der Zucker leicht karamellisiert.

Zum Schluss noch reichlich mit Puderzucker bestreuen und dann auf Tellern anrichten. Mit ein paar grob gehackten Walnüssen bestreuen und servieren.

Kochen mit Resten

*** 20

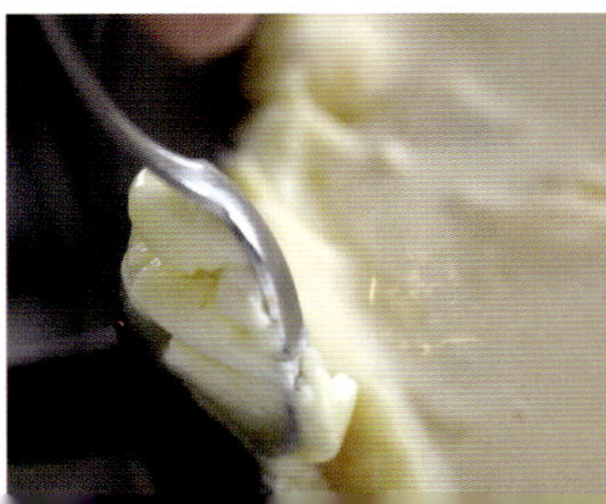

- **Mit 1 Esslöffel Butter am Rand entlangfahren, sodass die Butter schmilzt und unter den Teig fließ[t]. So bleibt kein Pfannkuchen oder Schmarrn in der Pfanne haften!**

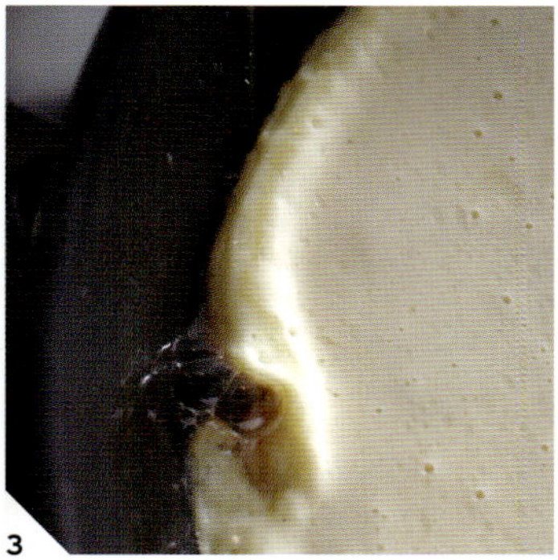
3

4

5

50 g Kakaopulver

200 g gekochte Nudeln (Penne oder Farfalle)

200 g Sahne

1

2

Schokonudeln

Pasta Schoko

1. 1 Esslöffel Butter in der Pfanne schmelzen, das Kakaopulver dazugeben und verrühren.

2. 3 Esslöffel Zucker zum Kakao in die Pfanne streuen.

3. Die Pasta in die Pfanne geben und umrühren.

4. Die Sahne zu den Nudeln gießen, damit eine cremige Schokoladensauce entsteht. Etwa 1 Minute köcheln lassen.

5. Die Nudeln sind fertig, wenn die Sauce an den Nudeln klebt. Nun nicht mehr kochen.

Auf Teller verteilen und mit Vanilleeis und einigen Schokoladenspänen dekoriert servieren.

Kochen mit Resten

*** 10

- **So erzielen Sie schöne Späne: Eine Tafel gekühlte Schokolade mit einem Sparschäler schälen. Schnell arbeiten, sonst schmilzt die Schokolade in der Hand!**

3

4

5

3 reife Pfirsiche

1 TL Zimt

300 g gekochter Langkornreis

3 EL Puffreis

1

2

Süßer Pfirsichreis

Mit einer Handvoll Reis

1. Die Pfirsiche ungeschält vom Kern lösen und in Stücke schneiden. Die Pfirsichstücke in eine Pfanne mit 1 Esslöffel Butter geben, mit 2 Esslöffeln Zucker bestreuen.

2. Mit etwas Zimt bestäuben und durchschwenken.

3. So lange anschwitzen, bis die Pfirsichstücke schön glänzen. Hat sich der Zucker mit der Butter und dem aus den Pfirsichstücken austretenden Saft gut verbunden, bilden sich kleine Bläschen. Jetzt sind die Pfirsichstücke fertig.

4. Nun den gekochten Reis dazugeben.

5. Zum Schluss den Puffreis untermischen. Der macht den Reis noch leicht knusprig und gibt dem Gericht den richtigen Pfiff.

Kochen mit Resten

* * * 20

- **Am besten Langkornreis oder aromatischen Basmatireis verwende Geht statt mit Pfirsichen auch m Äpfeln, Birnen, Aprikosen oder Bananen. Das Obst muss sehr re sein.**

3

4

5

 6 bis 8 altbackene Croissants

 1 Dose Pfirsiche (300 g)

 1/2 l Milch

 3 Eier

1

2

Croissant-Auflauf mit Pfirsich

Frucht-Brunch

1. Die Croissants halbieren und in eine gebutterte Auflaufform schichten. Die Pfirsiche in Stücke schneiden und über den Croissants verteilen.

2. Die Milch mit den Eiern und 5 Esslöffeln Zucker in einem hohen Gefäß mit einem Schneebesen verquirlen.

3. Langsam und gleichmäßig über die Croissants gießen, damit diese die Milchmischung aufsaugen können. Etwa 5 Minuten stehen lassen und die Croissants noch etwas in die Milch drücken.

4. Mit 2 Esslöffeln Zucker bestreuen, damit dieser beim Backen leicht karamellisieren kann.

5. In den auf 190 °C vorgeheizten Backofen geben und 25 Minuten backen. Der Auflauf ist fertig, wenn er um ein Drittel aufgegangen ist.

Den Auflauf mit Puderzucker bestreuen. Auf Tellern anrichten und mit etwas Pfirsichsaft aus der Dose begießen.

Dieser Auflauf reicht für 4 Personen.

3

4

5

Bekanntes anders

Neu entdeckt

Klar, Reibekuchen kennt jeder. Aber Reibekuchen ganz ohne Kartoffeln? Oder Kartoffelchips, die zu Tortilla verarbeitet werden? Wie steht es mit Cornflakes in Rührei? Oder Burger mit Lachs?

Einfach alles einmal anders machen – darum geht es bei den folgenden Rezepten. Die Ergebnisse sind verblüffend lecker. Und dabei ganz einfach herzustellen.

Übrigens: Es gibt unglaublich viele Kombinationen, die noch auf ihre Entdeckung warten. Schreiben Sie Ihr eigenes Kochbuch!

 4 Knobiauchzehen

 1 Salatgurke

1

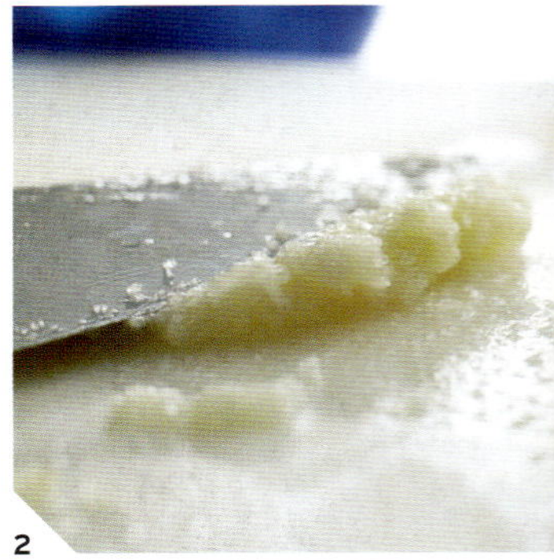
2

Gurkensalat ohne Öl

Made for Diät

1. Den Knoblauch schälen, fein hacken und mit 1 Prise Salz bestreuen.

2. Knoblauch und Salz mit dem Messerrücken fein zerreiben.

3. Die Gurke streifenweise schälen, halbieren, entkernen und grob raspeln.

4. Mit 2 Esslöffeln Weißweinessig, 1 Prise Salz, 1 Esslöffel Zucker, Knoblauch sowie schwarzem Pfeffer aus der Mühle abschmecken. Im Kühlschrank 30 Minuten durchziehen lassen.

Passt gut zu gebratenen Hühnerschnitzeln.

3

4

1 Dose Maiskörner (250 g)

1 Ei

1 EL Mehl

1

2

Maisplätzchen mit Tomatensalsa

Reibekuchen minus Kartoffel

1. Den Dosenmais gut abtropfen lassen und etwas ausdrücken. Danach in einen Küchenmixer geben. Ei und Mehl dazugeben und mit Salz und schwarzem Pfeffer würzen.
2. Verschließen und fein mixen.
3. 1 Esslöffel Öl in einer beschichteten Pfanne erhitzen, die Masse mit einem Esslöffel hineingeben und kleine Plätzchen formen.
4. Die Plätzchen sanft braten und nach etwa 3 Minuten vorsichtig mit einem Bratenwender wenden.
5. Kurz auf ein Küchenpapier zum Abtropfen geben. Achtung: Diese Plätzchen sind sehr locker und zerfallen leicht.

Mit Tomatensalsa und Petersilienblättern auf Tellern anrichten.

15

- **Für die Tomatensalsa 1 Tomate in kleine Stücke schneiden. Salzen, pfeffern, mit je 1 Esslöffel Joghurt und Olivenöl vermischen. Einige Spritzer Chilisauce verleihen der Salsa Pfiff.**

4

5

1 Zwiebel

4 Eier

200 g Kartoffelchips

1

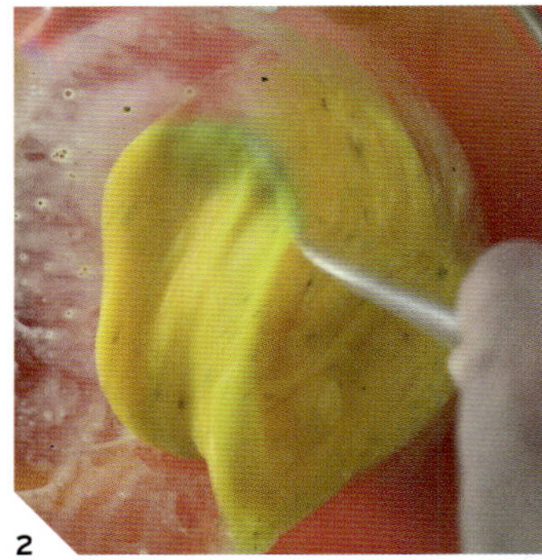
2

Omelette mit Kartoffelchips

Speedy Tortilla

1. Die Zwiebel schälen, halbieren, in Streifen schneiden und in einer beschichteten Pfanne in 3 Esslöffeln Olivenöl glasig schwitzen.

2. Die Eier in eine Schüssel schlagen, mit schwarzem Pfeffer bestreuen und mit einer Gabel verquirlen.

3. Die Chips zugeben und vorsichtig untermischen.

4. Ei-Chips-Masse zu den Zwiebeln geben.

5. Mit einer Gabel die Chips vorsichtig zerdrücken, damit sie vom Ei bedeckt sind und beim Backen keine Hohlräume entstehen. Die Tortilla nach 5 Minuten wenden und weitere 5 Minuten sanft braten.

Die fertige Tortilla in kleine Stücke schneiden und auf einem Teller mit Knoblauchmayonnaise (Aioli) und einigen grünen Oliven anrichten.

Bekanntes anders

*** 20

- **Die Tortilla lässt sich leicht wenden, indem man einen Teller auf die Pfanne legt und die Tortilla auf den Teller stürzt. Danach die Tortilla wieder in die Pfanne gleiten lassen.**

3

4

5

2 große Eier

50 g Cornflakes

1 Prise Zimt

1

2

Süßes Cornflakes-Rührei

Cornflakes-Pfanne

1. Die Eier mit einer Gabel verquirlen und 2 Esslöffel Zucker zugeben.
2. Die Cornflakes zügig untermischen, damit sie nicht zu sehr aufweichen.
3. 1 Esslöffel Butter in einer beschichteten Pfanne aufschäumen und die Cornflakes-Ei-Mischung hineingeben.
4. Zum Rührei stocken lassen. Auf Tellern anrichten und noch mit etwas Zucker und 1 Prise Zimt bestreuen.

Bekanntes anders

10

- **Schmeckt auch lecker ohne Cornflakes oder mit anderen Getreideflocken.**

3

4

 3 kleine Kartoffeln

 3 kleine Süßkartoffeln

 1/2 TL gemahlener Kreuzkümmel

1

2

Kartoffelrösti aus Süßkartoffeln

Afrikanische Reibekuchen

1. Kartoffeln und Süßkartoffeln schälen und auf einer Reibe grob raspeln.

2. In einer Schüssel mit Salz und gemahlenem Kreuzkümmel würzen und gut vermischen.

3. 3 Esslöffel Öl in einer beschichteten Pfanne erhitzen und die geraspelten Kartoffeln zugeben.

4. Die Kartoffelmasse immer wieder umrühren und etwas vorgaren. Da die Kartoffeln viel Öl aufnehmen, etwas Öl zugeben, damit das Rösti schön kross werden kann.

5. Die Kartoffeln mit dem Holzlöffel zu einem runden, gleichmäßigen Rösti formen und 5 Minuten lang rösten. Danach wenden und weitere 5 Minuten lang weiterbraten.

Herausnehmen und in Stücke schneiden. Dazu passt Rahmgemüse sehr gut. Reicht als Beilage für 4 Personen.

Bekanntes anders

25

- **Ein so großes Rösti wendet man am leichtesten, indem man zuerst das Rösti auf einen Teller stürzt und dann wieder in die Pfanne zurückgleiten lässt.**

3

4

5

2 Kartoffeln

2 Karotten

1/4 Sellerieknolle

1 Rosmarinzweig

1 Ei

1

2

Kartoffel-Gemüse-Rösti

Kleingeraspeltes

1. Kartoffeln, Karotten und Sellerieknolle schälen und grob raspeln.

2. Die Rosmarinblätter abzupfen und dazugeben. Mit Salz und schwarzem Pfeffer würzen.

3. Das Ei darüberschlagen und die Masse mit einer Gabel vermischen.

4. In einer beschichteten Pfanne 2 Esslöffel Öl erhitzen und mit einem Löffel kleine, runde Rösti formen.

5. Bei mittlerer Hitze braten und nach 5 Minuten wenden. Die Rösti müssen goldgelb und kross sein.

Danach auf Tellern anrichten. Dazu kurz gebratenes Fleisch oder auch einfach gebeizten Lachs reichen.

Bekanntes anders

25

- **Man kann fast jedes feste Gemüse, wie Petersilienwurzeln, Fenchel, Zucchini und viele andere, raspeln und daraus Gemüserösti zubereiten.**

3

4

5

300 g Lachsfilet ohne Haut

2 Sesambrötchen

2 EL Remouladensauce

1 Tomate

1 kleine Zwiebel

8 Salatgurkenscheiben

1

2

Lachsburger im Sesambrötchen mit Remouladensauce

Hamburger Lachs

1. Das Lachsfilet in kleine Würfel schneiden. Danach mit dem Messer noch einige Male durch die Lachswürfel hacken, damit diese noch feiner werden.

2. Das Lachshackfleisch auf Butterbrotpapier geben und zwei gleichmäßig runde und etwa 1 cm dicke Burger formen.

3. Die Burger in eine beschichtete Pfanne mit 1 Esslöffel Öl geben, das Butterbrotpapier abziehen und die Burger von beiden Seiten insgesamt 2 bis 3 Minuten braten.

4. Die Sesambrötchen halbieren, kurz toasten und mit etwas Remouladensauce bestreichen. Mit in Scheiben geschnittenen Tomaten belegen und die gebratenen Lachsburger daraufsetzen.

5. Noch etwas Remoulade auf die Lachsburger streichen. Die Zwiebel in Ringe schneiden. Zwiebelringe und Gurkenscheiben auf die Burger geben und mit den Sesambrötchendeckeln schließen.

Salatblätter, rote Zwiebeln, Kirschtomaten und Rucola eignen sich auch als Burgerbelag.

- **Mit einer runden Form bekommen Sie Ihren Burger wunderbar gleichmäßig rund – so machen es auch die Profis!**

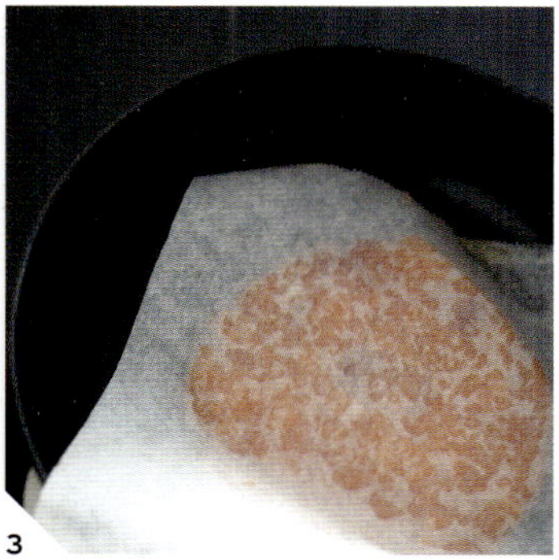

3

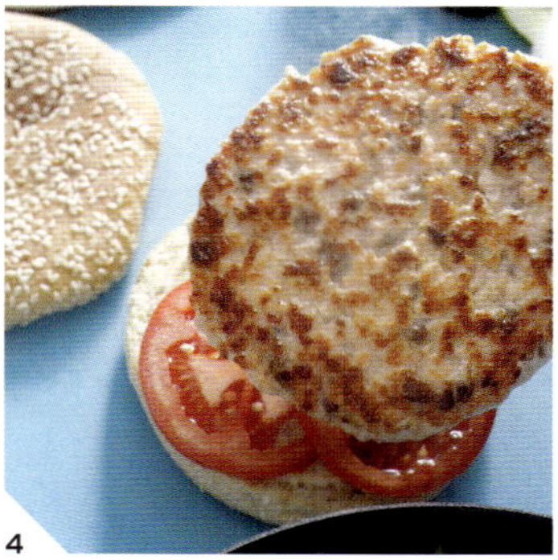

4

5

2 Hühnerbrüste ohne Haut

2 Eier

4 EL geriebener Parmesan

2 EL Mehl

1

2

Schnitzel in Käse-Ei-Hülle

Huhn im Parmesanmantel

1. Die Hühnerbrüste quer halbieren, sodass man aus einer Brust zwei Schnitzel erhält. Mit Salz und Pfeffer würzen.

2. Die Eier mit Parmesan verquirlen und das Mehl auf einen flachen Teller geben.

3. Die Schnitzel zuerst in Mehl wenden und danach von beiden Seiten durch die Käse-Ei-Masse ziehen.

4. 2 Esslöffel Butter und 3 Esslöffel Öl in einer Pfanne aufschäumen lassen und die Schnitzel in die Pfanne geben. Nach 2 Minuten vorsichtig wenden.

5. Darauf achten, dass die Schnitzel nicht am Pfannenboden festbraten. Danach herausnehmen und auf Küchenpapier kurz abtropfen lassen.

Tomatensauce auf Teller verteilen und die Schnitzel in Käse-Ei-Hülle darauf anrichten. Mit Käsespänen garnieren. Dazu Spaghetti – das macht jedes Kind glücklich!

Bekanntes anders

*** 25

■ **Für eine sehr schnelle Tomatensauce etwas Tomatensaft aufkochen. Mit Salz, schwarzem Pfeffer und 1 Prise Zucker abschmecken.**

3

4

5

2 Eier

1/2 TL Paprikapulver edelsüß

200 g Kartoffelchips

2 Hühnerbrüste ohne Haut

2 EL Mehl

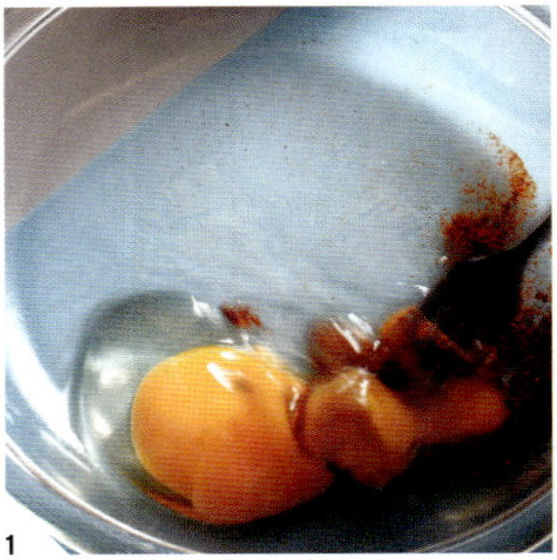
1

2

Hühnerbrustschnitzel in Kartoffelchips-Hülle

Chips-Krümel auf Broiler-Brust

1. Die Eier in einer Schüssel mit Paprikapulver aufschlagen.

2. Die Kartoffelchips in eine Auflaufform geben und fein zerdrücken. Am besten geht das mit einem Kartoffelstampfer.

3. Die Hühnerbrüste quer halbieren. Salzen, pfeffern und in Mehl wenden. Danach durch die aufgeschlagenen Eier ziehen und anschließend in der Kartoffelchips-Masse wenden.

4. 3 Esslöffel Öl und 2 Esslöffel Butter in der Pfanne erhitzen. Durch die Zugabe von Öl verbrennt die Butter nicht so leicht!

5. Nun die Hühnerbrüste in der Pfanne von beiden Seiten jeweils 2 bis 3 Minuten goldgelb braten.

Auf Tellern anrichten und mit Gurkensalat, Petersilienkartoffeln oder einfach nur mit einer pikanten Tomatensauce servieren.

Bekanntes anders

25

- **Man kann ruhig auch gewürzte Chips verwenden, dann aber das Paprikapulver weglassen!**

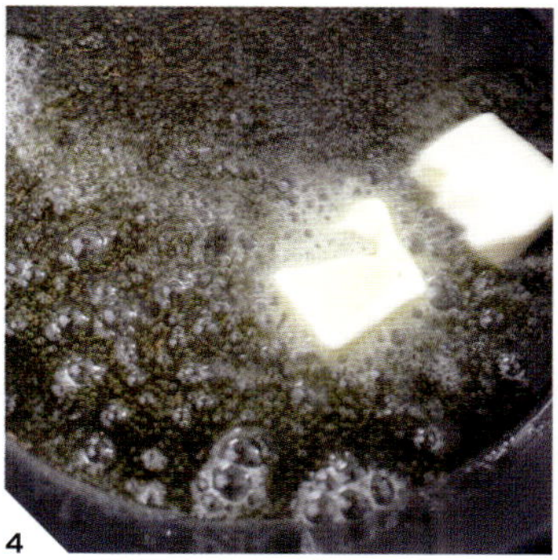

 2 Hühnerbrüste ohne Haut

 2 EL Mehl

 1 Ei

 150 g Cornflakes

1

2

Hühnerbrust in Cornflakes-Hülle

Cornflakes, well done

1. Die Hühnerbrüste der Länge nach halbieren und mit Salz und Pfeffer würzen.

2. In Mehl wenden und mit einer Gabel durch das verquirlte Ei ziehen.

3. In den zerdrückten Cornflakes wenden und die Cornflakes-Masse leicht andrücken.

4. In einer Pfanne 3 Esslöffel Pflanzenöl und 2 Esslöffel Butter aufschäumen und die Schnitzel darin von beiden Seiten braten.

5. Kurz auf ein Küchenpapier zum Abtropfen geben und servieren.

Dazu in Butter geschwenkte Erbsen oder auch Karotten als Beilage reichen.

Bekanntes anders

25

- **Um die Cornflakes in einer Schale zu zerdrücken, nimmt man die Unterseite einer Pfeffermühle. Mit Cornflakes wird die Panade superknusprig – das ist der Hit an Kindergeburtstagen.**

3

4

5

3 Kartoffeln

2 EL Mehl

2 Eier

1 EL Sauerrahm

1/2 Apfel

1

2

Kartoffelpuffer mit eingebackenen Apfelscheiben

Dünner Kartoffelstrudel

1. Die Kartoffeln schälen und auf einer feinen Reibe in eine Schüssel reiben.

2. Mehl und Eier hinzugeben.

3. Den Sauerrahm zufügen und zu einem glatten Teig verrühren.

4. Das Kerngehäuse des Apfels entfernen und den Apfel in Scheiben schneiden. In einer Pfanne 2 Esslöffel Öl und 1 Esslöffel Butter erhitzen und die Hälfte des Kartoffelteigs hineingeben. Die Apfelscheiben auf dem Kartoffelpuffer verteilen und mit dem restlichen Kartoffelteig bedecken.

5. Nach 4 Minuten wenden und noch 3 Minuten sanft braten.

Herausnehmen und servieren. Nach Belieben noch mit Zucker bestreuen.

Bekanntes anders

*** 25

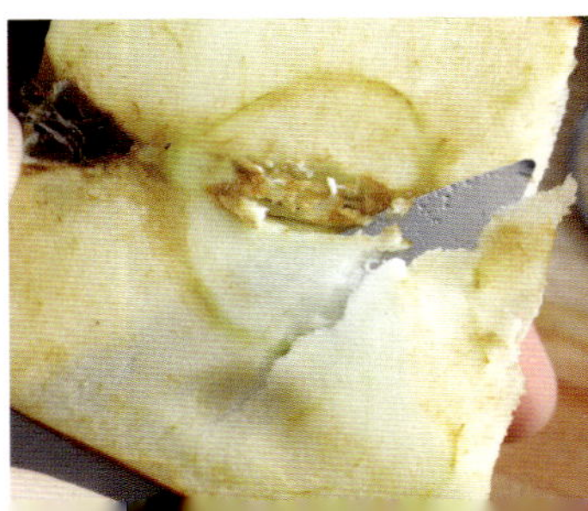

- **Einen halben Apfel, der bereits an der Schnittstelle braun geworden ist, einfach mit einem Messer dünn abschneiden.**

3

4

5

 8 Marshmallows

 2 Brötchen

 2 große EL Nougatcreme

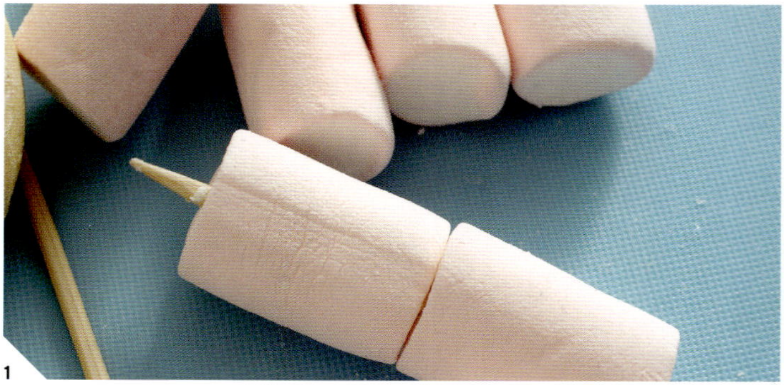

1

Marshmallow-Brötchen mit Nougatcreme

Für ganz Süße

1. Jeweils 2 Marshmallows auf einen Spieß stecken.

2. Die Brötchen halbieren und je eine Hälfte mit 1 großen Klecks Nougatcreme bestreichen.

3. Die Marshmallowspieße vorsichtig über der Gasflamme rösten und dann sofort auf die untere Brötchenhälfte legen. Mit der anderen Brötchenhälfte bedecken und noch warm verspeisen.

Das ist sehr amerikanisch, aber auch sehr lecker!

Bekanntes anders

*** 10

- **Anstatt der Marshmallows kann man auch Mäusespeck auf die Spieße stecken und ebenfalls leicht grillen.**

2

3

 2 reife Äpfel

 60 g Walnusskerne

 4 EL brauner Zucker

 1 Boden fertig ausgerollter Mürbeteig

 150 g Crème fraîche

1

2

Apfeltarte mit Walnüssen und Crème fraîche

Gefallene Früchte

1. Die Äpfel schälen, vierteln und das Kerngehäuse mit einem Messer herausschneiden. Die Walnusskerne grob hacken.

2. Beides in eine Schale geben und mit braunem Zucker bestreuen. Vermischen und 5 Minuten ziehen lassen.

3. Den Mürbeteig auf ein mit Backpapier ausgelegtes Backblech legen. Die Äpfel auf den Teig geben und einen Rand von 3 cm unbedeckt lassen. Die verrührte Crème fraîche über die Äpfel verteilen.

4. Nun den Rand zur Mitte klappen und die Äpfel noch einmal mit braunem Zucker bestreuen.

In den auf 220 °C vorgeheizten Backofen geben und 25 bis 30 Minuten backen. Etwas abkühlen lassen und am besten lauwarm essen.

Bekanntes anders

45

- **Damit der Teigrand goldbraun wird, diesen auch mit etwas braunem Zucker bestreuen.**

3

4

150 g Müsli

60 g Mehl

1 Ei

1 Dose Obstsalat (400 g)

1

2

Müslikuchen

Mein erster Kuchen

1. Das Müsli mit 3 Esslöffeln Zucker, dem Mehl und 2 Esslöffeln Butter in eine Schüssel geben.

2. Alles mit den Händen vermengen. Das Ei zugeben und schnell unterarbeiten.

3. Den Obstsalat in einer Auflaufform verteilen. Die Müslistreusel darüber verteilen. Abwechselnd schichtweise fortsetzen, bis die Form gefüllt ist.

4. Zum Schluss noch einige Obststücke über die Streusel geben. Im auf 210 °C vorgeheizten Backofen etwa 20 Minuten backen.

Herausnehmen, mit Puderzucker bestreuen und servieren.

- **Am besten schmeckt der Müslikuchen ohne Cornflakes, da diese zu viel Saft vom Obstsalat aufsaugen und der Kuchen matschig wird.**

3

4

Was kann ich kochen?

Register der Grundzutaten

Wie viel Zeit habe ich? Rezepte, sortiert nach Zubereitungszeiten

5 bis 10 Minuten

5 Minuten

20 Minuten

25 Minuten

30 bis 40 Minuten

45 bis 60 Minuten

70 bis 90 Minuten

Ab 95 Minuten